EL NIÑO
QUE HABLA

COLECCION EDUCACION PREESCOLAR

EL NIÑO QUE HABLA

EL LENGUAJE ORAL EN PREESCOLAR

Marc Monfort
Adoración Juárez Sánchez

CIENCIAS DE LA EDUCACIÓN PREESCOLAR Y ESPECIAL
GENERAL PARDIÑAS, 95 - 28006 MADRID

Teléfono: 91 562 65 24 / clientes@editorialcepe.es / www.editorialcepe.es

Diseño y dibujos:
Juanmiguel S. Quirós

© CEPE, S. L.
  General Pardiñas, 95
  28006 Madrid
  clientes@editorialcepe.es
  www.editorialcepe.es

Todos los derechos reservados. Prohibida la reproducción

ISBN: 978-84-86235-63-5
Depósito legal: M-31483-2020

Impreso en España - Printed in Spain

*A Marcos, Isabel y Guillermo
por el tiempo de sus padres
que han compartido con otros
muchos niños*

PRÓLOGO

EN la introducción a **El niño que habla** dicen Marc Monfort y Adoración Juárez que, con frecuencia, han tenido la satisfacción de ver su libro ya medio roto por el uso y lleno de subrayados en manos de profesores, para los cuales ha sido durante muchos años una herramienta esencial de trabajo. Sí: éste es un libro para ser usado, manoseado, repasado, vivido en el contacto con la actividad práctica sobre lo real. Un libro que nos ayuda a sumergirnos en la interacción fascinante con los niños que realmente hablan, o al menos se comunican con nosotros, a pesar de todas las dificultades que puedan tener.

Creo que no estaría de más hacer una cierta distinción -basada en una metáfora heurística- entre libros vivos y libros muertos. Libros que nacen de una relación apasionada con realidades o imágenes concretas, y otros que son espejos fríos y deformantes de segunda o tercera mano. Pues bien: la mejor definición de **El niño que habla** consiste en decir que es, sobre todo, un libro vivo, un libro asentado en una práctica ya larga y siempre inteligente, en el tratamiento de tantos y tantos niños con problemas del lenguaje y la comunicación. Por eso, no me ha extrañado nada que, en esta segunda edición, el libro haya crecido y cambiado bastante, de forma semejante a como crecen y cambian todos los organismos vivos.

Creo que una de las características más atractivas de **El niño que habla** (y que es un reflejo de esa misma característica en Marc Monfort y Adoración Juárez) es la habilidad con que entrelaza esa dimensión práctica y viva con una reflexión teórica de raíces profundas, que llevan de la logopedia propiamente dicha a sus cimientos en la lingüística, la psicología, la pedagogía y la neurología. Este rasgo es muy poco común: estamos mucho más acostumbrados a la presentación de recetas de intervención logopédica sin volumen teórico (y generalmente inútiles por esa misma razón), o bien de gruesos volúmenes teóricos totalmente ajenos a la intervención real y la interacción concreta con las personas que tienen problemas de lenguaje. Por eso es tan raro encontrar un libro como éste, en que teoría y práctica se entrañan en una totalidad solidaria.

Y más rara aún es la cualidad de realizar esa difícil conjunción con un lenguaje comprensible, asequible a todos aquellos que tienen el deseo y la oportunidad de ayudar a otros a comunicarse. Es éste un libro comunicativo y que, precisamente por serlo, puede ayudarnos a comunicarnos con los demás, a jugar a la tarea apasionante de relacionarnos como humanos, como seres con una identidad esencialmente intersubjetiva.

Ángel Riviere
Universidad Autónoma de Madrid

INTRODUCCIÓN A LA NUEVA EDICIÓN

Hace ya algunos años que se agotaron las dos ediciones originales del «Niño que habla».

Durante este tiempo ha sido para nosotros una gran satisfacción encontrarlo entre las manos de tantos profesores, en conferencias, cursos y demás encuentros, sobre todo cuando aparecía medio roto y lleno de subrayados, tal como debe ocurrir con un libro que pretendía ser una herramienta de trabajo.

Han pasado 7 años desde su primera concepción y, cuando nos pidieron esta reedición, nos dimos cuenta que habían ocurrido muchas cosas, tanto en la investigación sobre el lenguaje infantil como en nuestra propia práctica profesional, y decidimos realizar una revisión profunda del texto, así como una ampliación de su contenido, especialmente en su parte práctica.

Se imponía, en primer lugar, una reflexión teórica sobre la justificación de nuestros enfoques didácticos; ya en 1982, el profesor J. P. Bronckart nos señaló una cierta contradicción entre la primera parte del libro, que insistía mucho en los aspectos comunicativos e interactivos de la adquisición del lenguaje oral, y la segunda parte, en la que las actividades prácticas parecían más centradas en el lenguaje-representación.

Se trata de un problema de base que existe en el conjunto de las intervenciones pedagógicas o terapéuticas sobre el lenguaje oral. No creemos haber podido solucionarlo, pero encontrarán el producto de nuestra reflexión en el capítulo dedicado a la problemática teórica que abre la segunda parte de este libro y en la inclusión de una gama de actividades que no figuraban en las primeras ediciones.

En cuanto a esa parte práctica, hemos seguido nuestra primera intención de proporcionar a los educadores, más que un conjunto ecléctico de ejercicios o directrices, un **marco** *organizativo estructurado donde puedan situar y analizar los datos, actividades y juegos, sacados de su propia experiencia profesional.*

El trabajo de estos años y, sobre todo, el contacto con cientos de maestras y maestros de toda España han influido también en la presentación de ciertas propuestas anteriores. En ese sentido, este «Niño que habla» es un libro abierto y nuevo.

Ojalá lo que quitamos y lo que añadimos no le haya hecho perder las cualidades que, al parecer, nuestros primeros lectores le habían encontrado.

INTRODUCCIÓN

La importancia de la función lingüística

No es objetivo de este trabajo analizar teóricamente, en todos sus aspectos, el fenómeno lingüístico, pero sí cabe resaltar la importancia de la función que va a centrar nuestra atención en estas páginas. Para tal propósito, podemos hacernos la pregunta siguiente: «¿para qué sirve el lenguaje?», o, con otras palabras, «¿cuál es la influencia del lenguaje sobre el desarrollo y la conducta general del niño?».

El lenguaje es nuestro principal medio de comunicación

He aquí el primer y más obvio papel del lenguaje: permitir un intercambio de informaciones a través de un determinado sistema de codificación. No es nuestro único sistema comunicativo: también empleamos códigos mímicos, posturales y comportamentales; sin embargo, no cabe duda de que es el lenguaje oral el que ocupa un lugar predominante. Por otro lado, como veremos más adelante, todo aprendizaje de lenguaje no se hace necesaríamente **para** la comunicación, pero sí siempre a **través** de la comunicación con otra(s) persona(s).

El lenguaje es el instrumento estructurante del pensamiento y de la acción

Las relaciones lenguaje-pensamiento han sido el centro de infinitas discusiones e investigaciones desde el reduccionismo de Watson (el pensamiento no era más que un lenguaje sub-laríngeo) hasta las disociaciones radicales.

¿Podía existir un pensamiento elaborado sin lenguaje? El convencimiento de que era imposible se mantuvo mucho tiempo y llevó a clasificar a los sordomudos entre los deficientes mentales.

La típica reacción del péndulo llegó a limitar el papel del lenguaje al de un mero sistema de codificación. Actualmente, los autores parecen haberse puesto de acuerdo para admitir un desarrollo paralelo de las dos funciones, con influencias recíprocas, pero a partir de una naturaleza disociada.

En situación normal, no cabe duda de que el lenguaje actúa masivamente como mecanismo estructurador y condicionante del pensamiento: es su papel de **representación.**

- El lenguaje brinda la posibilidad de utilizar conceptos de manera mucho más racional y económica que con el empleo de esquemas sensori-motores o «imágenes mentales».

- El lenguaje permite al niño recibir las informaciones socio-culturales del ambiente, lo que le hace adelantarse a sus experiencias personales y le permite ampliarlas.

- El lenguaje es un sistema que contiene su propia estructura lógica: ésta, integrada imitativamente por el niño, repercute en el desarrollo de una lógica interna, llegando, incluso, a condicionar un tipo de conceptualización determinado.
Empleando (con precaución) la famosa frase de McLuhan de que «el medio es el mensaje», se puede decir que el hecho de utilizar preferentemente el lenguaje para estructurar y comunicar la realidad condiciona esta percepción.

- El lenguaje interviene en el control y la organización de la acción motriz. Es Luria (1961) quien ha definido, en primer lugar, esa función reguladora del lenguaje. Inicialmente es puramente externa (la acción del niño se subordina al lenguaje del adulto que puede desencadenar la actividad, pero no inhibirla), luego, aunque siga esencialmente externa, permite tanto inhibir la acción del niño como desencadenarla. Por fin se vuelve autónoma y la acción se subordina al propio lenguaje del niño, progresivamente interiorizado. Aunque estudios posteriores, como los de Sronckart (1970, 1973) o Rondal (1973, 1976), hayan matizado la evolución del desarrollo de dicha función, hay un acuerdo común sobre su existencia y su importancia, confirmada no tanto por las situaciones experimentales como por las múltiples situaciones de la vida cotidiana.
De esta forma, el niño normal llega, progresivamente y con relativa rapidez, a un pensamiento y un modo de actuar típicamente «verbal», mientras que, por ejemplo, el niño sordo-mudo (para coger un caso clásico de «normalidad potencial»), si no llega a adquirir un lenguaje suficiente en un tiempo adecuado, llega a percibir y a organizar la realidad de un modo distinto y puede presentar dificultades de organización de sus actividades cognitivas y motoras.

El lenguaje actúa como factor estructurante y regulador de la personalidad y del comportamiento social

Aunque sea éste un tema especialmente complejo, intentemos concretar algunos puntos:

- El lenguaje permite al ser humano proyectar sus reacciones afectivas en el tiempo y en el espacio, lo que colabora a producir una gran capacidad de matización y adaptación de las conductas sociales, al mismo tiempo que las hace menos «estereotipadas» y por lo tanto menos previsibles.
  El «expresar», el «sacar fuera», el «decir» lo que uno siente, o la simple introspección (en casi todos los casos, lenguaje interior) amplía la diversidad comportamental característica del ser humano.

- El lenguaje, como cualquier manifestación funcional, además de una carga semántica específica, conlleva otras significaciones, más o menos explícitas, más o menos conscientes, y participa así de la expresión del psiquismo profundo.
  Lacan dejó acuñada esta frase: «Le mot n'est pas signe, mais noeud de signification» (La palabra no es signo, sino cruce de significación)[1].
  Este hecho, siempre presente, adquiere especial importancia en muchos trastornos de lenguaje, verdaderas señales de conflictos afectivos.

- Paralelamente a la ampliación de conductas señalada anteriormente, el lenguaje contribuye también a su reducción y condicionamiento.

Las normas de conducta social, los hábitos, son, en general, el fruto de una larga evolución histórica cuya dimensión temporal hace que pierdan, poco a poco, su justificación inicial, quedando convertidas en unas costumbres sin más refuerzo inmediato que el consenso y la presión social.

Ante esa carencia de causa lógica, el niño debe aprender casi mecánicamente lo que implica el comer, el vestir, el comunicarse, etc., en la sociedad donde vive. A falta de justificación, esas normas se reducen pues a la consigna verbal que las acompaña: «se hace así», «no hagas esto», etc.

Cuando se vuelve a presentar la misma situación, la interiorización de esas fórmulas verbales le permite adaptarse más o menos rápidamente a las reglas sociales de su entorno.

El lenguaje oral constituye el principal (y a veces único) medio de información y cultura; es un factor importante de identificación a un grupo social

Las informaciones exteriores, que constituirán poco a poco la cultura de un niño, le llegan principal o exclusivamente a través del lenguaje oral. Sólo cuando llegue a una lectura comprensiva operativa (y muchos de ellos nunca la utilizarán), podrá completar la información oral con la escrita, disminuyendo así su dependencia de su ambiente de origen.

---

1. J. Lacan: **Ecrits**, p. 166, Le Seuil, París, 1966.

Pero la información no familiar (escuela, radio, televisión, libros) le llega a través de un determinado tipo de lenguaje, característico del ambiente social de las personas que detentan estos medios de producción.

Llegamos así a una situación peculiar: el niño que por carencia de un ambiente familiar posee poquísimas informaciones culturales, se ve además en dificultad para aprovechar las estimulaciones de los medios de comunicación, por no haber sido familiarizado con el tipo de lenguaje que éstos emplean.

No descubrimos nada si recordamos que, en casi el cien por cien de los casos, podemos determinar la extracción social de un niño a partir de una simple grabación de su conversación.

Son ya clásicos los estudios comparativos de Bernstein[2] sobre la influencia del medio socio-cultural en el desarrollo del lenguaje, distinguiendo entre el código restringido de las clases sociales más bajas y el código elaborado de las clases altas. Aunque la descripción realizada por ese autor y las explicaciones que propone hayan sufrido muchas críticas, las diferencias lingüísticas entre clases sociales representan una evidencia que, en el marco escolar, juega siempre en desfavor de los niños de origen más humilde.

Por otro lado, el idioma y sus distintas variaciones (acento, giros típicos...) representan un elemento importante (si no el principal) del proceso de **identificación** del individuo a un grupo social. Este fenómeno es algo a tener en cuenta especialmente en aquellas comunidades donde conviven varios idiomas o varias formas de pronunciar un mismo idioma: es muy frecuente, desgraciadamente, que estas diferencias estén ligadas a connotaciones de jerarquía en el estatus social.

El énfasis dado a la importancia del lenguaje (quizá por una deformación profesional) en estas primeras líneas, no debe hacernos olvidar que en los cuatro aspectos analizados (comunicación, pensamiento, afectividad, nivel cultural) se trata de influencias recíprocas: a veces son estos aspectos los que condicionan el lenguaje del niño; otras veces es el lenguaje el que los condiciona a ellos.

No es siempre posible desenredar el complejo nudo de estas relaciones, pero el punto de unión se sitúa en la persona del niño, en el concepto del «niño que habla», que debe constituir el verdadero centro de nuestra atención, justificando así el título de este trabajo.

---

2. B. Bernstein: Class, **Codes and Control.** Londres. Routledge and Kegan, 1972. Para discusión del tema, ver Rondal, J. A.: **Lenguaje y educación.** Barcelona. Médica y técnica, 1980, págs. 97 a 106.

PRIMERA PARTE

LA EVOLUCIÓN DEL NIÑO QUE HABLA

MECANISMOS DE LA ADQUISICIÓN DEL LENGUAJE

No vamos aquí a detallar los mecanismos neurológicos y fisiológicos que determinan la adquisición del lenguaje; para ello recomendamos a nuestros lectores obras como la del Dr. Charles P. Bouton[3]. Sin embargo, nos parece importante insistir en los mecanismos básicos que llevan al niño a **descubrir** y a **apropiarse** el lenguaje y ello por dos razones: la de establecer las justificaciones teóricas de nuestra labor docente y por la habitual ignorancia de las estructuras de una función que, por sernos tan natural, nos resulta desconocida.

El niño y su entorno

El primer punto y el más fundamental es que el lenguaje oral (y otros lenguajes no orales como la lengua de signos gestuales) es una función y una destreza que se aprende **naturalmente,** por una serie de intercambios con el entorno social, sin que en dicho entorno exista un programa conscientemente premeditado para su enseñanza sistemática.

En otras palabras, el niño aprende a hablar con su madre y demás adultos, éstos enseñan a hablar al niño, pero nadie sigue un método preestablecido conscientemente para hablar con su hijo. Esa asimilación se realiza sobre un fondo madurativo complejo que interviene en la determinación de los distintos aspectos audiofonatorio-lingüísticos y la sucesión de las pautas.

El segundo punto es que el lenguaje se aprende/se enseña para y a través de la **comunicación,** aunque sirva después para otras funciones, especialmente de representación.

La característica principal de los intercambios niño-adulto durante los primeros años es la **interacción** que deriva en una adaptación recíproca de ambos interlocutores a las capacidades comunicativas del otro.

---

3. Ch. P. Bouton: **El desarrollo del lenguaje.** Buenos Aires. Unesco Huemul, 1978.

Una primera manifestación de esa adaptación es el «feed-back» correctivo que podríamos representar esquemáticamente de estas dos formas.

Situación 1	Situación 2
necesidad del niño	iniciativa del adulto
le lleva a	
expresión pre-lingüística espontánea más o menos elaborada	imitación más o menos espontánea por parte del niño
provoca	
modificación del lenguaje adulto, basándose en la expresión del niño	feed-back correctivo a partir de la imitación del niño
	imitación inmediata o mediata del modelo adulto
imitación inmediata o mediata del modelo adulto	

En la situación 1 —la más frecuente con mucha diferencia—, la iniciativa de la interacción parte del niño, que llama la atención del adulto (a veces, incluso sin real intención comunicativa por su parte), a través de un movimiento, un gesto, un grito, una serie de balbuceos o elementos verbales aprendidos anteriormente.

Esa primera producción produce una respuesta verbal del adulto que se sitúa siempre en la hipótesis de que el niño está comunicando con él (incluso con bebés de escasos meses) y consiste generalmente a utilizar en su respuesta lo que ha dicho o manifestado el niño. Le devuelve (feed-back) su mensaje con tres tipos de correcciones:

— Una corrección **fonética y fonológica:** el adulto pronuncia correctamente las palabras emitidas por el niño o «traduce» sus gritos y balbuceos a palabras del idioma.

— Una extensión **semántica:** añade algunas palabras y conceptos relacionados a lo que ha emitido el niño.

— Una expansión **sintáctica:** en su respuesta, el adulto utiliza los elementos del mensaje infantil en una estructura algo más compleja.

Se ve claramente que, con este procedimiento, el niño obtiene, en cada iniciativa suya, una respuesta que le puede servir de modelo casi perfecto para una próxima emisión: está adaptado a su interés (ya que es él mismo quien lo ha provocado) y a su nivel evolutivo (es un poco más complicado que lo que es capaz de producir ahora).

Numerosas experiencias como la de Rondal (1980) han mostrado la habilidad natural de los adultos, y especialmente de las madres, para realizar estos ajustes con mucha precisión.

Ejemplos:

— Después de tomarse el biberón, el niño de 3 meses, en brazos de su madre que le da golpecitos en la espalda, eructa (ruido vegetativo evidentemente involuntario). Su madre lo coge delante de ella, sonríe y le felicita: «Muy bien. Gracias. ¿Te ha gustado, eh?».

— Un bebé de 8-9 meses en la cuna, juega: «auua, ajoaadadada ooajo...». La madre se acerca y llena de gozo, le sigue «ajo, ajo, mi niño, guapo, guapo, el nene, ajo, ajo».

— Un niño de 15 meses: se dirige a su madre con voz insistente: «aua..., aua..., aua». La madre le da un vaso de agua: «¿quieres agua, guapo? ¿Tiene sed mi chiquitín? Toma un vaso de agua, allí... qué bueno eres... bebe, bebe el agua... ¡mm!, qué rica es».

— Un niño de 3 años con su padre, delante de la tele:
    — ¿Té mira papá? ¿Tonicia?
    — Sí, son las noticias. No chilles.
    — ¿Te tuta tonicia, papá?
    — Sí, me gustan las noticias. Oye, papá quiere oír las noticias, ¿vale?

Ven al lado mío y no te muevas. Vamos a ver las noticias juntos.

Aunque las motivaciones del último padre no son precisamente las de hacer hablar a su hijo, se ha producido el mismo fenómeno en los tres casos: el niño, con su intervención, provoca una **adaptación** del lenguaje adulto que, casi siempre, se hace bajo la forma de un «feed-back» correctivo, permitiéndole así confirmar, informar o completar la «hipótesis» inicial. La imitación actúa, pues, en segundo lugar.

Vemos así el carácter eminentemente **activo** y **creativo** de la adquisición del lenguaje por el niño.

Mucho más que las palabras que el adulto le repetirá todo el día, el niño aprenderá, en primer lugar, aquellas que le ayuden a resolver sus problemas y a satisfacer sus necesidades, o que le proporcionan un elemento lúdico.

Esto equivale a decir que, en gran parte, es el niño quien elige lo que va a aprender.

Estudios que se han realizado sobre las 50 primeras palabras de niños de 18 meses, en varios idiomas, indican que las palabras que se refieren a los pañales nunca habían sido asimiladas, a pesar de que todos los niños los llevan y se los cambian 5 ó 6 veces al día. Sin embargo, palabras referentes a botitas, zapatos... aparecían con frecuencia, sin duda porque es una prenda que el mismo niño había intentado quitarse o, incluso, ponerse varias veces.

En el diálogo niño-adulto, dos veces de cada tres, es el niño quien toma la iniciativa, incluso con una voluntad predeterminada que le lleva a condicionar toda la conversación:
>   **El niño:** Estoy mirando tu cartera.
>   **El adulto:** ¿Eh? Bien.
>   **El niño:** Sí… No están las llaves.
>   **El adulto:** ¿No? Vaya…
>   **El niño:** No digas Vaya. Pregúntame por qué.
>   **El adulto:** Bueno, ¿por qué?
>   **El niño:** Se las ha llevado mamá.

El papel del padre adulto en esta escena es realmente muy reducido: algo así como el papel del frontón en el juego de pelota.

En el esquema de la segunda situación, la iniciativa parte del adulto, con la intención de enseñar algo al niño, pero, en el fondo, el mecanismo es básicamente parecido al anterior a nivel del «feed-back» correctivo.

Pero mientras en la primera situación la conducta del niño era eminentemente **creativa**, en esta segunda es principalmente **imitativa**.

Ejemplos:

— Guillermo (un año), después de una semana con su abuela, ha aprendido, por condicionamiento, a colocarse la mano por encima de la cabeza cuando se le pregunta: «¿Hasta dónde estás de tu hermana?»

— Isabel (3 años).
>   **El adulto:** ¿Qué tienes ahí?, ¿cromos?
>   **Isabel:** Sí.
>   **El adulto:** ¿Cuántos?
>   **Isabel:** ¡Huy, fíjate, muchísimos!; por lo menos… treinta y siete.
>   **El adulto:** Eso sí que es mucho… vamos a ver, cuenta conmigo. (Cuentan ambos hasta nueve).
>   **Isabel:** Eso es…, eso. Tengo nueve. Es mucho, ¿verdad?

— Un niño (2 años): aprendiendo una nana.
>   **El adulto:** Palmas, palmitas, que viene su…
>   **El niño:** papá.
>   **El adulto:** Le trae un…
>   **El niño:** «bulito»
>   **El adulto:** …un borreguito que dice…
>   **Ambos:** beeee.

Pero resulta que, en esta vida real y agitada que es la nuestra, ocurren muchísimas más situaciones de la primera clase que de la segunda (a menos que haya abuelos a mano), y se produce una paradoja evangélica: al que tiene (que habla mucho) se le dará (recibirá muchos modelos a través de «feed-back» correctivos), y al que no tiene (poco comunicativo) se le quitará hasta lo que tiene (no se le habla o se le habla poquísimo y casi nunca a través de «feed-back», sino con modelos adultos directos).

Otra manifestación de esa adaptación del lenguaje adulto es lo que se llama en la literatura especializada «baby-talk», a partir de los famosos trabajos de Ferguson (1964).

El baby-talk es el sub-código lingüístico que emplean los adultos y los niños mayores de 5-6 años cuando se comunican con niños pequeños. Las características básicas del baby-talk, que derivan todas de la intención de mejorar y controlar la eficacia de la comprensión de los mensajes por parte del niño y que suponen ayudas importantes para la imitación y el aprendizaje del lenguaje, son las siguientes:

— se habla más despacio, con más pautas y pautas más largas;
— se sube el tono de la voz, empleando un registro más agudo;
— se cuida más la pronunciación;
— la entonación es más expresiva;
— los enunciados son más cortos y, en general, más simples;
— los enunciados son más completos (se observan menos cambios repentinos de construcción, menos elisiones, menos estructuras inacabadas);
— es redundante (se repite con frecuencia parte o la totalidad de los enunciados);
— se emplea un número más limitado de palabras, eligiendo en general la fórmula más sencilla y usando más diminutivos;
— el adulto hace constantes referencias al contexto, designando o manipulando los referentes concretos de la comunicación;
— se utilizan más gestos y mímicas.

Ciertos trabajos como los de Snow (1977) parecen indicar que esa adaptación que los adultos aplican a su lenguaje contiene, además del deseo de hacerse entender en cada momento, elementos de un proceso educativo **implícito** a través del cual el adulto manifiesta su deseo de proporcionar al niño instrumentos expresivos cada vez más elaborados.

Pero fundamentalmente, esa adaptación se inscribe dentro de un mecanismo de **interacción** comunicativa, muy lejos de un modelo de enseñanza explícita y consciente.

Interacción e imitación: ya están introducidos los dos mecanismos básicos que rigen la adquisición del lenguaje, con una proporción variable según la edad y según el niño. El niño participa en efecto activa y creativamente en el desarrollo de su lenguaje y no sólo a través de la estimulación de los sistemas de adaptación del lenguaje adulto, sino también a través de manipulaciones espontáneas de los datos que posee, a través de intentos expresivos a veces correctos, a veces desajustados respecto al uso habitual del idioma (todos recordamos los típicos «neologismos» infantiles: rompido, vacido, volvido, pistolar... productos de una generalización que demuestra la capacidad del niño de extraer determinadas constantes de los modelos adultos).

Ese tratamiento activo de los datos del modelo no se conoce aún muy bien: según algunos autores son reflejos de procesos cognitivos, según otros, de sistemas específicamente lingüísticos, más o menos innatos[4]. Lo que sí está claro es que el niño es protagonista de su aprendizaje y es consciente del valor del instrumento que se está apropiando y también de su situación de aprendiz.

Como nos dijo nuestro hijo a los 5 años: «No digas palabrotas, papá, que me las aprendo».

En cuanto a la imitación, cabe recordar que si, en un primer tiempo, surge directamente después de la recepción del estímulo, según Piaget (1977), entre los dos y los siete años, la imitación ya no es desencadenada por la percepción, sino por representaciones imaginadas, por la imagen interior. Es la imitación diferida, fenómeno que un pedagogo que pretende enseñar, no debe nunca olvidar en su programación, demasiadas veces centrada en la obtención inmediata de una respuesta conforme.

En un ejercicio con nuestro hijo ante un grupo de maestros, estaba utilizando unas cajas de cartón para figurar casas, pero durante la sesión confundí varias veces las dos palabras, equivocando involuntariamente su uso correcto, con gran regocijo del niño que terminó diciendo: «Ahora dejamos estas casas y vamos a caja».

He aquí un tercer aspecto, indispensable para llegar a comprender la increíble —y no por tan frecuente menos maravillosa— rapidez y facilidad del aprendizaje del lenguaje: el juego, el placer de manipular ese nuevo juguete infinito.

Decía Piaget: «para comprender el destino ulterior de la imagen y de la representación simbólica, a los cuales la imitación nutre y les permite constituir copias más o menos exactas de lo real, es necesario estudiar aun la contrapartida de la imitación...; o sea, el juego y la construcción imaginativa misma, que utilizará estas copias en los sentidos más variados, insuflándoles significaciones cada vez más alejadas de su punto de partida imitativo»[5].

Como conclusión a esta breve introducción a los mecanismos generales de adquisición del lenguaje, podemos destacar la importancia de los siguientes factores externos:

- Calidad relacional de la comunicación en un entorno que debe ser disponible, motivador y con frecuencia lúdico. Como dice J. C. Quentel, a propósito de las insuficiencias del medio ambiente, «hay que distinguir entre las formas de dominación lingüística y el «handicap» real, fruto de una acción inadecuada del entorno (no

---

4. Para discusión del tema, ver el capítulo sobre la intervención lingüística en la adquisición normal del lenguaje en M. Monfort: **La intervención logopédica.** Madrid. CEPE. 1984.
5. J. Piaget: **La formación del símbolo en el niño.** México. Ed. Fondo de Cultura Económica, 1977, pág. 98.

necesariamente ligada al nivel lingüístico del medio, sino a la actitud lingüística o comunicativa)»[6].

- Adaptabilidad del lenguaje adulto, tanto en el «feed-back» como en el «baby-talk», a las peculiaridades y ritmo evolutivo del niño, proporcionándole modelos abundantes, adecuados y variados.

- Estimulación de los juegos imitativos, inmediatos (canciones, nanas, juegos verbales...) y diferidos (hacer como si... etc.).

De la observación de la evolución normal del niño que habla, resulta pues que es muchísimo más importante saber **escuchar** y **contestar** adecuadamente al niño que realizar muchos intentos de enseñarle contenidos. El lenguaje no es algo exterior al niño que tengamos que verter en él, es una función que asimila de forma tan natural que Montessori lo calificaba de «absorción».

El niño y su madurez

Ya hemos mencionado este aspecto cuando hemos dicho que las interacciones niño-adulto se realizan sobre un fondo madurativo.

A la vista de las múltiples acepciones de este término, nos parece prudente definir lo que entendemos a lo largo de este trabajo por «madurez, madurar..., etc.».

El estado de madurez se puede definir como el estado a partir del cual se puede **iniciar** con fruto el desarrollo de una función o el aprendizaje de una destreza. Resulta de la acción de tres factores básicos:

- **La maduración neurobiológica de los «centros» nerviosos** que intervienen en su control y estructuración. En el caso de funciones complejas, como el lenguaje, se puede distinguir entre los «centros» propios (actividades directamente relacionadas con la función simbólica lingüística) y los «centros» asociados (actividades accidentalmente relacionadas con el lenguaje y no exclusivas de él: discriminación analítica, memoria, estructuración temporal, etcétera). Esa maduración tiene un ritmo predeterminado, lo que algunos han dado en llamar «reloj biológico».

- **La estimulación exterior,** cuyo papel es muy complejo, se divide en dos aspectos: la aportación de informaciones y la estimulación sensomotriz, indispensable a la misma evolución neurobiológica del cerebro.
  Como dice Chtchilovonov (citado por Ajuriaguerra): «Si no hay estimulaciones exteriores o si éstas son insuficientes, la organización de la actividad de la corteza cerebral se para o se hace incorrecta, incluso si la corteza, por su construcción anatómica, está ya lista para funcionar».

---

6. J. C. Quentel: «La acción del entorno sobre el desarrollo del lenguaje infantil». **Infancia y Aprendizaje**, 3, pág. 53-62, 1978.

- **Las experiencias realizadas por el niño,** en las que se efectúa la síntesis de los dos factores anteriores. Se aprecia, en efecto, que en la realidad observamos niños con una maduración aparentemente normal, que viven en un ambiente normalmente estimulador y que, sin embargo, son inmaduros por falta de experiencias, carencia provocada bien por su propia inhibición (dificultad de personalidad) o por restricciones del medio ambiente (represivo o sobre-protector).

En general, existe un cierto sincronismo evolutivo entre la motivación afectiva y el grado de madurez, lo que hace que un niño normal **empiece a interesarse o a intentar dominar** una determinada realización sólo cuando ha alcanzado un nivel mínimo de madurez.

El «forzar» a un niño (el adelantar, pues, la realización a la madurez) resulta, en el mejor de los casos, inútil y a veces puede ser perjudicial, como lo veremos en el capítulo de los trastornos de aprendizaje.

El ritmo de madurez es muy variable según los niños, primero por las diferencias básicas de ritmos de maduración, segundo por las complejas implicaciones exógenas.

Tampoco se trata de una evolución lineal: más bien se podría calificar de evolución «a saltos».

Lenneberg dice:

«…lo que debería retener especialmente la atención de quien estudia el comportamiento verbal es la diferenciación funcional.

Las funciones no se ponen súbitamente en marcha una vez que la "máquina esté preparada" como en el caso de un ordenador que esté listo para funcionar de un momento a otro. Las funciones cognitivas y la aptitud para el lenguaje tienen una historia epigenética.

Son el resultado de transformaciones de funciones más precoces y menos especializadas y de procesos fisiológicos que están asociados con ella.

Podría ser más fructífero considerar a la maduración que incluye el crecimiento y el desarrollo de conductas tales como el lenguaje, como el paso por estados altamente inestables; el desequilibrio en uno conduce a reorganizaciones que traen consigo nuevos desequilibrios, que producen reorganizaciones, y así sucesivamente hasta que se alcanza una estabilidad relativa, que se conoce como madurez»[7].

No parece existir una madurez exclusiva para el lenguaje, al igual que tampoco existe un centro específico para el lenguaje.

El lenguaje es un fenómeno complejo y pluriestratificado en el que se conjugan distintas evoluciones de un gran número de capacidades neurofisiológicas.

---

7. E. Lenneberg: **Fundamentos biológicos del lenguaje.** Madrid. Alianza Editorial, 1975.

LA ORGANIZACIÓN FONÉTICA

Los mecanismos de aprendizaje

Más que los mecanismos neurofisiológicos y anatómicos que intervienen en las realizaciones fonoarticulatorias (encontrarán descripciones muy completas en los libros de Bouton y Quilis reseñados en la bibliografía), al educador le interesa conocer las estructuras evolutivas y las pautas cognitivas que determinan el aprendizaje fonético del niño.

El dato más fundamental es la globalidad del proceso: la adquisición de los fonemas **no es una cuestión de unidades que se agregan unas a otras** y que el niño construye analíticamente.

Su descripción resulta difícil por el hecho de que hay que distinguir entre el sistema de percepción que aplica el niño al lenguaje de los demás y el sistema de producción que aplica a su propio lenguaje.

Es muy conocida la reacción de los niños frente a la imitación de sus defectos de habla:

«—¿Cómo te llamas?

—Tetesa.

—¡Ah!, tetesa.

—No, Te**T**esa…; tetesa no, Te**T**esa».

Se observa, pues, un desfase cronológico entre un esquema perceptivo capaz de notar la diferencia entre los dos fonemas y un esquema productivo que no los puede disociar.

Las leyes que rigen el proceso perceptivo todavía no son bien conocidas, pero no pasa otro tanto con el sistema productivo, que, al proporcionarnos un material de observación, permite su análisis **a posteriori.**

Lo primero que llama la atención es que existe un orden de aparición y unas estructuras de desarrollo muy definidas y casi iguales en todos los países, aunque la rapidez de adquisición sea muy variable de un niño a otro.

Desde los estudios de Lewis, Llorach y sobre todo Jacobson, se sabe que el niño parte de ciertas oposiciones fundamentales, tales como:

        Apertura máxima (a) ←→- Apertura mín. (b, p, m).
        Pronunciación oral (p)←→- Pronunciación nasal (m).
        Punto de articulación labial (p) — Punto de art. dental (t).

A través de una serie de oposiciones diversas, va afinando cada vez más su capacidad articulatoria gracias a una serie de adaptaciones dentro del esquema de aprendizaje por «feed-back».

Las oposiciones básicas se encuentran ya en el balbuceo infantil, las oposiciones más sutiles se elaboran a partir de sucesivas correcciones.

Con enfoque práctico, podemos resaltar:

— Que la adquisición de un fonema supone la adquisición previa de otro(s) que le es (son) anterior(es) y del cual (de los cuales) saldrá la nueva oposición.

— Por ejemplo: /f/ supone /p/
                /s/ supone /t/
                /k/ supone /t/
                /d/ supone /n/ etc…

— Que el sistema productivo del niño es siempre un sistema cerrado y completo, aunque no coincida con el del adulto.
Cuando el niño todavía no pronuncia la /s/, no suele decir /me-a/ y /ca-a/ por «mesa» y «casa», sino /meta/ y /cata/, donde aplica un esquema evolutivo anterior: /t/ por /s/.

— Cada nueva adquisición modifica la totalidad del sistema fonológico anteriormente adquirido.
La introducción, en el ejemplo anterior, de la /s/ hace pasar al niño de una estructura donde /t/ cubre dos esquemas

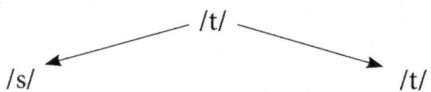

a otra donde sólo cubre uno, con lo cual se ve también modificado

«En resumen, el desarrollo de la competencia fonológica del niño debe ser considerado como una adaptación progresiva de sus aptitudes para realizar sonidos cada vez más sutilmente opuestos, en función de los modelos del idioma de su medio»[8].

Todo ello se va realizando dentro del contexto total de la comunicación y sin un control realmente consciente: eso implica y explica que la noción de fonema como unidad aislada es totalmente desconocida para el niño.

Pautas evolutivas

En general, se consideran los años comprendidos entre dos y cuatro como la época en la que el niño adquiere progresivamente el sistema fonológico del idioma español.

Sin embargo, el ritmo de adquisión suele ser bastante variable y se considera normal encontrar dificultades para las sílabas complejas (pla, ter, fri, gru…) hasta los cinco años, y para la pronunciación correcta de la /r/ hasta los seis.

El orden habitualmente observado en los niños, con posibles y múltiples variaciones individuales, es el siguiente:

GRUPO INICIAL p b m t sólo sílabas directas (C- V)	PRIMER GRUPO DE DIFERENCIACIÓN l n ñ d j k g se añaden sílabas inversas (V-C) y mixtas (C-V-C), con n y m.
SEGUNDO GRUPO DE DIFERENCIACIÓN s f ch ll	TERCER GRUPO DE DIFERENCIACIÓN z se añaden sílabas inversas y mixtas con s y sínfones (C C V) con l.
CUARTO GRUPO DE DIFERENCIACIÓN r rr se añaden sílabas inv. y mixtas con l.	QUINTO GRUPO DE DIFERENCIACIÓN se añaden sinfones con r, combinaciones de 3 consonantes.

---

8. Ch Bouton: **El desarrollo del lenguaje,** pág. 106.

Puesto que es desconocido por la mayoría de los educadores, no hemos utilizado aquí un alfabeto fonético, sino la transcripción alfabética usual; tampoco hemos tenido en cuenta la existencia de alófonos (diferentes realizaciones de un mismo fonema en función de los fonemas que lo preceden o le siguen dentro de una palabra) por carecer de implicaciones prácticas posteriores en niños normales.

Para más detalles se recomienda el trabajo de L. Bosch[9].

---

9. L. Bosch: «El desarrollo fonológico infantil: una prueba para su evaluación». En M. Siguan: **Estudios sobre psicología del lenguaje infantil.** Madrid, Pirámide, 1984.

LA ORGANIZACIÓN SEMÁNTICA

«Preocúpate del sentido y los sonidos se preocuparán de sí mismos.»

Lewis Carroll
Alicia en el país de las maravillas

Los mecanismos de aprendizaje

El lenguaje es la expresión más compleja y más diferenciada de una función general, muy desarrollada en el hombre: la función simbólica, es decir, el sistema que representa un significado por medio de un significante cuya naturaleza está claramente disociada de la del significado. No obstante, la dimensión semántica del lenguaje no se resume únicamente en una clave, más o menos elaborada, de comunicación; participa en la construcción de los mismos conceptos y en la realización de los comportamientos.

No cubre todo el campo mental: existen aspectos que se le escapan, expresados, por ejemplo, en la distinción clásica en psicoanálisis entre el pensamiento dirigido, consciente, inteligente y comunicable y el pensamiento individual y difícilmente comunicable, por lo menos conscientemente.

Por último, añadiremos que la abstracción que permite separar los aspectos fonéticos, semánticos y sintácticos es únicamente un proceso arbitrario de análisis carente de base real en el hecho lingüístico, pero útil para la claridad de la exposición.

La organización semántica se realiza a través de una serie de adaptaciones entre el niño y el mundo que le rodea, desde el punto de vista de la **representación** que el niño se va haciendo de este mundo y de la **comunicación** que establece con él.

El niño atraviesa una serie de etapas a través de las cuales su percepción de la realidad se va transformando gracias a su desarrollo cognitivo, sus experiencias y los modelos transmitidos por el ambiente social, principalmente en el lenguaje.

Esa unión entre referente-significado y significante, establecida por la convención social, puede establecerse de dos formas:

En la **primera,** el lenguaje llega después de un primer contacto con el referente (la realidad), a través de una experiencia sensori-motriz («agua» viene después del acto de beber, «pantalón» después de habérselo puesto centenares de veces..., etc.).

En la **segunda**, el lenguaje se adelanta a las experiencias o, por lo menos, a la integración completa del significado («mañana, ayer..., lunes, sábado..., tres, nueve, mil», aparecen en el lenguaje infantil bastante antes de su dominio definitivo, a veces con un contenido globalizado, a veces sin contenido propio: entran dentro de una fórmula usual).

Los mecanismos de oposición (sucesivamente más sutil) y los reajustes progresivos descritos en el capítulo sobre la fonética, también se encuentran aquí tal vez con más nitidez, como lo veremos en las pautas evolutivas.

Pero, antes de esto, para fundamentar todavía más nuestro trabajo pedagógico posterior, nos parece importante, en este tema tan complejo y fundamental, sacar algunos datos esenciales de los trabajos sobre la organización del pensamiento y de la representación mental, sacados de autores como Piaget, Wallon, Furth, Decroly, Rey...

- Los mecanismos de la acción se ejercen antes que los de la reflexión: la aprehensión de la realidad se hace preferentemente a través de modelos esencialmente activos, desde los 0 a los 60-72 meses: hay una progresión lenta de un pensamiento y una percepción operativa.

- La percepción de una realidad compleja no es una simple somación de impresiones: es inmediata.

- El sincretismo o globalidad del pensamiento y de la percepción es resentida como actividad completa y no como un medio insuficiente.

- La integración de los datos exteriores pasa por tres fases a lo largo de la evolución psico-cognitiva del niño:
    — Impermeabilidad a la experiencia concreta: egocentrismo y subjetividad total.
    — Generalización: modos de conducta muy rígidos.
    — Diferenciación de la experiencia sensori-motriz, es decir, especialización gracias al ejercicio de las diversas conductas en función de situaciones determinadas: Gesell sitúa este período a los cuatro años (un poco tarde según autores recientes) y lo describe como «un inveterado impulso hacia la conceptualización de las

multiplicidades de la naturaleza y del mundo social». Coincide con el período de mayor desarrollo lexical.

En resumen, el niño que nos llega a los tres o cuatro años posee un cierto equipaje de experiencias sensori-motrices generalmente integradas de forma aislada, y casi siempre dentro de esquemas de interacción con los demás.

Las características accidentales (tamaño, color...) de un objeto son consideradas como pertenecientes al objeto mismo (fenómeno de «prégnance»), lo que dificulta o impide a veces establecer correctamente correspondencias, clases, diferenciación de la esencia misma del objeto.

El lenguaje que vamos a añadir a esa realidad va a ser un elemento importante —no el único, por cierto—, de **organización** objetiva de esa realidad.

Reunir unos elementos vividos por el niño de forma aislada en una clase cuyo soporte concreto será únicamente la palabra que le vamos a colocar (fruta, aves, insectos, muebles...) no se limita a una ampliación del campo lexical, sino que también contribuye a la estructuración y mejor comprensión de las palabras y conceptos anteriormente «conocidos»: toda introducción de un elemento nuevo implica un amoldamiento de lo anterior y no un simple aumento cuantitativo.

Nos gusta mucho la ilustración (aunque sea una ilustración invertida) que encontramos en el personaje Funes, que describe Borges en su libro «Ficciones»: tenía una memoria tal que podía acordarse de todo y evocarlo al instante: se encontró entonces con la necesidad de eliminar las palabras genéricas, dando un nombre no solamente a cada cosa, sino a cada cosa en cada momento y contexto diferente en que la había conocido. Resultaba incomprensible. Nuestro sistema para tratar la información es selectivo y, en él, juega un papel organizador fundamental el código, o sea, el lenguaje oral.

A veces, por el contrario, puede ocurrir que el niño emplee una palabra genérica para designar a las componentes de una clase semántica (pez, flor, casa...): el empleo de este término más «abstracto» refleja, en cierto modo, un proceso de conceptualización (en cuanto el niño puede reconocer unas características fundamentales, a través de transformaciones accidentales), pero eso no significa necesariamente que es consciente de ello (es decir, capaz de reflexionar, analizar y manipularlo).

Dicho esto, salta a la vista que el enseñar y circunscribir el contenido real y completo de una palabra o de una clase en referencia con una experiencia ya vivida por los niños, si no queremos recurrir a explicaciones magistrales que impedirán un descubrimiento creador por parte del niño, tiene que hacerse **diferenciándola** y **oponiéndola** a otros.

Antes de pasar a planteamientos prácticos, nos gustaría enseñar algunas pruebas de esta importancia de la relación lenguaje-organización cognitiva a partir de la observación de casos patológicos.

No es el estudio de los niños sordomudos, a pesar de lo que se cree, el que nos puede demostrar más exactamente los mecanismos de la influencia del lenguaje, porque nadie ha probado que los pequeños sordos no compensen su deficiencia específica con otros mecanismos integradores, lo que quita mucho valor al estudio de sus performancias al momento de compararlas con los niños oyentes.

Para nosotros resulta más significativo el estudio de los afásicos (personas que, por lesiones cerebrales, **han perdido** todo o parte del lenguaje), porque, acostumbrados siempre a pensar «con» lenguaje, se encuentran de pronto sin sus mecanismos habituales de integración y reflexión, lo que provoca unas regresiones muy espectaculares. Nos permitiremos aquí citar ampliamente a Wallon:[10]

> «Evidentemente, el lenguaje es todavía demasiado reducido como para autorizar la hipótesis de una consigna interior… Se trata más bien de la aptitud de imaginar entre unos objetos percibidos, un desplazamiento, una dirección que no son percibidos… De ella depende también el poder de organizar las partes sucesivas de un discurso. La pérdida de uno no va sin la pérdida del otro. Un afásico no puede indicar las direcciones: arriba, abajo, derecha, izquierda… si tiene los ojos cerrados. Con los ojos abiertos, según Sieckmann, es un objeto lo que señala, no una dirección: el cielo o el techo, el suelo, la mano que escribe…».

Y más adelante:

> «La adherencia estricta de una calidad al objeto permitía a un afásico decir que la fresa era roja cuando, delante de unos trozos de lana roja, no podía designarlos como rojos…
>
> Si esta evocación mental era imposible, es precisamente porque el color significado no era indistintamente el color de todos los objetos rojos actualmente percibidos o eventualmente a percibir; sino solamente el color de un objeto particular. El color no podía ser evocado, a menos que estuviera sustancialmente unido al objeto.
>
> El concepto de color no existía: sólo existían unos objetos rojos, verdes… y la palabra surgía sólo cuando, al ver un objeto, siempre del mismo color, el color pasaba a formar parte de su sustancia».

Los estudios psico-lingüísticos que han intentado descubrir los mecanismos básicos de la representación semántica han tenido el defecto de utilizar como material un lenguaje de laboratorio, aislando los elementos semánticos de su contexto.

Sin embargo, una vez reinsertados en las conductas naturales de comunicación, se observan cambios y matizaciones muy numerosas. Hagamos todos la experiencia: los

---

10. H. Wallon: **La evolución psicológica del niño,** págs. 157-168.

niños de tres años utilizan con mucha frecuencia y exactitud binomios como feo-guapo, pequeño-grande, etc., pero si, fuera de todo contexto, les preguntamos:

> «Un niño que no es feo es...
> una casa que no es pequeña es...»

veremos que, al principio, son muy escasas las respuestas rápidas y correctas que vamos a recibir. Al separar las palabras de su contexto activo, utilizándolas en una estructura aparentemente fácil, pero no empleada habitualmente por los niños, los hemos desorientado: su lenguaje todavía no está separado de la acción y de la percepción directa.

Debemos recordar que, en cuanto al significado exacto de las palabras que usa el niño, existen diferencias importantes y que el acercamiento de ambos léxicos es un proceso gradual.

Las principales diferencias pueden ser:

— Ausencia de correspondencia: el niño puede atribuir a un referente una palabra totalmente diferente de la que suelen emplear los adultos. Reich (1976) cuenta el ejemplo de su hijo que designó durante todo un tiempo el televisor con la expresión «TV guide», mientras se negaba a admitir que la guía de los programas podía llamarse así o el televisor una TV.

— Uso parcial: es cuando el niño utiliza una palabra con un número de referentes inferior a los que cubre el léxico adulto. Por ejemplo, es frecuente oír al niño utilizar la palabra «caballo» únicamente para referirse a su caballo de madera.

— Sobre-generalización: es cuando el niño utiliza una misma palabra para referentes para los cuales los adultos utilizan varias palabras (por ejemplo, «guau-guau» para todos los animales de cuatro patas).

El desarrollo lexical no se limita, pues, al aprendizaje de una palabra o expresión verbal en una determinada situación: sigue después un proceso de acercamiento de los significados a través, probablemente, de una autorregulación sucesiva de la extensión referencial en base a los contextos situacionales que el niño va encontrando y las expresiones verbales de los adultos durante estas experiencias individuales.

Otro punto importante es que, aunque en las descripciones del lenguaje infantil los autores utilicen fácilmente términos como sustantivos, verbos, adjetivos..., las unidades lexicales del lenguaje infantil no están categorizadas a nivel gramatical: al principio, una misma palabra puede designar tanto un objeto como una acción o, más generalmente, toda una situación.

El educador debe mantener presente que el hecho de que un niño pueda producir una determinada palabra en un determinado contexto no clausura el proceso de desarrollo semántico.

Pautas evolutivas. Desarrollo entre 0 y tres años

Primeros mensajes

Las primeras realizaciones fonéticas del niño no tienen contenido semántico diferenciado: **el grito o el llanto** forman parte del comportamiento motor y sus variaciones dependen del tipo de reacción (conformidad o disconformidad), pero sin ser una interpretación simbólica de ella.

De la misma manera, los balbuceos son principalmente una reacción **circular egocéntrica.**

La evolución se va a notar a partir del **tercer mes** con el desarrollo del **analizador auditivo** y la percepción de las reacciones de su entorno a sus producciones motoras y, sobre todo, sonoras. Poco a poco, el niño va a conceder un valor diferenciado a los ruidos exteriores, así como a sus propias emisiones.

Desde este momento, la función semántica debe enfocarse bajo dos aspectos: el aspecto pasivo (comprensión) y el aspecto activo (expresión), la evolución del primero adelantando casi siempre a la del segundo.

A nivel de la comprensión, se tratará para el niño de aislar ciertos detalles relevantes en la producción sonora de su entorno (incluso los ruidos) y de asociarlos a un comportamiento preciso suyo. Esto se hará al término de un largo proceso de condicionamiento en situaciones cuya permanencia, tanto desde el punto de vista lingüístico como contextual, será muy elevada.

Parece que los primeros elementos relevantes son informaciones suprasegmentarias, tales como la voz, la entonación o la curva entonativa global de una frase. Es lógico si sabemos que el niño, muy pronto (desde los cuatro o cinco meses), es capaz de imitar la «música» de una palabra o de una serie de fonemas.

Por ejemplo, es muy corriente que los niños pequeños, de 10 ó 12 meses, sean condicionados por su madre a enseñar una parte del cuerpo en respuesta a una pregunta del tipo: «¿Dónde tienes la mano?». Sin embargo, si analizamos todos los comportamientos provocados por una serie de preguntas análogas, se observa que la respuesta, al principio, no es muy estable y que el niño puede reaccionar de la misma manera a otras estimulaciones.

Entonces se nota que reacciona con mucha más frecuencia a una pregunta que presenta la misma curva entonativa («¿dónde tienes el brazo? o ¿dónde tienes la boca?»), que a otra, tal como «enséñame la mano».

Otro punto relevante primitivo suele ser un solo fonema o una sola palabra dentro de la oración; en este caso, fue, lo primero, la palabra «dónde» y también la oposición final a-o de «mano»: el niño reacciona, muchas veces, a todas las preguntas empezando por «dónde» y/o terminando con una palabra como «pato», «brazo», «barco»…

A nivel de la expresión, un problema es el origen de la elección de la primera palabra.

La hipótesis más creíble afirma que **resulta de la coincidencia repetida entre una secuencia del balbuceo y una palabra del lenguaje adulto dentro de su comportamiento correspondiente,** estando siempre subrayada esta coincidencia por los padres, reforzando así la relación entre ambos hasta la creación del primer enlace significado-significante, hasta hacer descubrir al niño qué características o elementos de sus producciones vocales desencadenan determinadas reacciones de su entorno.

Evidentemente, esta coincidencia no puede dar frutos, salvo si ocurre en un campo suficientemente receptivo: en efecto, la aparición del lenguaje (entre 12 y 18 meses) se sitúa al mismo tiempo en que la inteligencia sensorio-motriz llega a un cierto punto culminante y en el que el desarrollo de la imitación llega a la función semiótica o simbólica (alrededor de 18 meses).

Lo que llamamos primera palabra es la primera emisión fonética de carácter constante ligada a una situación específica y en relación con una secuencia del lenguaje adulto, sin tener en cuenta las deformaciones más o menos importantes.

Una vez condicionada esta primera relación, actúa la repetición recíproca (el niño imitando a su madre y la madre a su niño) modelando la producción primitiva hasta llegar a la palabra exacta.

El condicionamiento se basa en las relaciones palabras-comportamientos, de ahí que las primeras palabras del niño tengan siempre **un valor de acción** y no de referencia; hay que subrayar la diferencia importante que existe entre el contenido semántico de una misma palabra según la emplea un niño o un adulto.

Se puede decir sin temor a equivocarse que las primeras palabras expresan fundamentalmente deseos y necesidades, además del placer de usar una capacidad nueva.

En general, el uso de una palabra se decide principalmente por una sola función situacional; el niño la aprende con su contexto de realización y sólo después llega a disociarla.

La etapa del sincretismo perceptivo-motor es la que favorece la adquisición del lenguaje, sensibilizando al niño precisamente a las formas globales antes de que capte analíticamente su sentido.

No obstante, la segunda tendencia, la analítica, aparecerá ya desde el año y medio, primero a nivel de la comprensión (entiende una orden sin acompañamiento de gesto) y después de la expresión.

«Así, los caminos sincréticos y analíticos se complementan..., el sincretismo permite una comprensión global..., pero que retiene sus elementos esenciales. Al asociar estrechamente el gesto a las palabras, la situación al enunciado verbal..., impregna de una significación experimental y dinámica las unidades lingüísticas cuyo dominio el niño está asegurándose y, por la repetición a la que lo obliga, favorece la creación y estabilización de los automatismos fundamentales del habla. Simultáneamente, la aptitud para el análisis determina la disociación de la actividad verbal y de la situación que la motiva y el descubrimiento de los mecanismos combinatorios de los elementos que componen el enunciado»[11].

Otro problema se presenta ahora: ¿por qué empiezan todos los niños a hablar entre dieciocho y veinticuatro meses?

No parece que intervenga aquí una presión más intensa del ambiente social (cuyos cambios de actitud son siempre **posteriores** a los cambios de comportamiento del niño) o la necesidad que tendría el niño de esa edad de expresarse.

Es, en primer lugar, **al proceso de maduración** del niño al que se debe la brusca integración de los fenómenos lingüísticos, aunque la naturaleza de este proceso no sea todavía claramente definida: «el problema central y más interesante aquí es si la emergencia del lenguaje se debe a capacidades muy generales que maduran, hasta un mínimo crítico, hacia los dieciocho meses y que hacen posible el lenguaje y muchas otras posibilidades o si habría algunos factores específicos del lenguaje que llegan a su madurez y son, en cierta medida, independientes de otros procesos más generales»[12].

Ciertos autores (Carini, Sinclair de Zwart), intentando partir de una hipótesis de discontinuidad, piensan que si la función aparentemente principal del lenguaje es la comunicación, **el lenguaje no se ha constituido al servicio de la comunicación como un instrumento más perfeccionado.**

Sinclair de Zwart afirma: «se podría defender la hipótesis... de que, por un azar acertado, comunicación, balbuceo, desarrollo motor, neurológico... se hayan encontrado en un ser que, al mismo tiempo, tenía esa capacidad inteligente de llegar al punto culminante de la inteligencia práctica y esa otra capacidad, según parece específicamente humana, aunque algunos chimpacés demuestran algunos ejemplos de ella, de representarse la realidad en ausencia de esta realidad con unos medios que cada vez se alejan más de esa realidad»[13].

Otros autores (Bruner, 1975; Halliday, 1975) parten de una hipótesis de continuidad funcional desde la comunicación preverbal hasta el lenguaje, en la que los usos del

---

11. Ch. Bouton: **El desarrollo del lenguaje,** pág. 122.
12. Azcoaga, Derman, Frutos: **Alteraciones del lenguaje en el niño.** Ed. Biblioteca, 1971, pág. 196.
13. Sinclair de Zwart: «Le développement des structures sensori-motrices en tant que modèle heuristique...» **Bulletin d'audioohonologie**. Vol. 4. N.o 6, pág. 366, 1974.

lenguaje constituyen la base del aprendizaje lingüístico y determinan las formas de lo que el niño puede adquirir en cada etapa.

«...Las expresiones se usan para diferentes fines y el uso es un determinante poderoso de la estructura de las reglas», dice Bruner[14].

Desarrollo del léxico

Entre dos y tres años, el aumento del léxico progresa a un ritmo extraordinario. Según Lewis, a partir de situaciones muy indeterminadas designadas por el niño con una sola palabra, se llega, por un fenómeno que él llama «extensión», a la delimitación de un campo semántico equivalente al de la correspondiente palabra en el uso adulto.

A este fenómeno lo llamamos también «sucesivas series de oposición», cuyo ejemplo podría ser:

El niño ha aprendido a decir «agua» cada vez que tiene sed; realmente el contenido de esta palabra corresponde a la locución: «quiero beber». Un buen día le apetece leche, dice «agua» y se enfada muchísimo cuando su madre le presenta un vaso del líquido insípido. Empieza a gritar, repitiendo cada vez más fuerte «agua» o incluso «esa agua, no». La madre intuye entonces el problema y le da leche, acompañada generalmente del consabido «feed-back» «toma leche, esto es leche, no es agua...». A partir de entonces el contenido de la palabra «agua» no es el mismo que antes, y se irá modificando a medida que aparezcan otras palabras, como «beber», «mojarse», «lluvia»..., con un esquema que podríamos representar así:

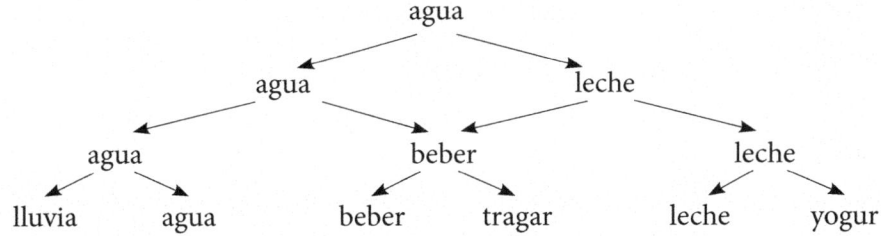

La introducción de nuevas palabras implica siempre un nuevo ajuste del sistema semántico, imponiendo una nueva distinción: cada vez es un nuevo «salto» en la progresión.

Es preciso señalar aquí que no solamente es el lenguaje del niño el que está inorganizado, sino también su percepción de la realidad: a esa edad se sitúa todavía en una meta preconceptual, capaz solamente de razonamiento transductivo y de clasificación intensiva y no extensiva.

---

14. J. Bruner: «De la comunicación al lenguaje», en: La adquisición del lenguaje. N.º monográfico. **Infancia y Aprendizaje,** pág. 159. 1981.

Desarrollo cuantitativo

Se suele decir que un niño de 12 meses entiende más o menos 3 palabras diferentes que aumentan hasta una veintena entre el año y los 18-20 meses, lo que es bastante lento; luego el aumento es mucho más rápido: a los 2 años (24 meses) suele entender unas 250 palabras diferentes.

Rondal (1979) ha publicado este cuadro indicativo del desarrollo de la **comprensión** semántica del niño (el vocabulario comprensivo de un adulto oscila entre 20.000 y 40.000 palabras)[15]:

Edad	N.º de palabras	Crecimiento
10 meses	1	
12 meses	3	2
15 meses	19	16
19 meses	22	3
21 meses	118	96
2 años	272	154
2 años y medio	446	174
3 años	896	450
3 años y medio	1.222	326
4 años	1.540	318
4 años y medio	1.870	330
5 años.	2.072	202
5 años y medio	2.289	217
6 años	2.562	273

Añade que, aunque sea mucho más difícil evaluar el número de palabras diferentes que los niños pueden producir, se estima que el vocabulario de producción representa la mitad aproximadamente del vocabulario de comprensión.

Otras indicaciones útiles pueden ser las siguientes:

1 mes: presta atención y reacciona a los sonidos; gritos indiferenciados semánticamente.

2 meses: presta especial atención a la voz y a los ruidos familiares. Los ruidos y llantos que produce empiezan a diferenciarse según la causa que los provoca.

3 meses: empieza el balbuceo, en general acompañando la actividad motora en reacción circular.

4 meses: imitación de movimientos en presencia del estímulo.

7 meses: comprensión global de ciertos tonos e inflexiones de la voz del adulto; emite sonidos muy diversos, inicia el balbuceo reduplicado. Reconoce a los adultos familiares y tiene miedo de los extraños.

---

15. J. A. Rondal: **Votre enfant apprend à parler.** Bruselas. Mardaga, 1979.

10 meses: responde a su nombre y a algunas consignas sencillas muy expresivas (¡no, ven…!); vocaliza de una forma más articulada e imita la melodía de las emisiones adultas.

12 meses: entiende algunos órdenes en situación; imita o intenta imitar ciertas palabras y ya dice de dos a tres «palabras» diferenciadas: «mamá» para llamarla o pedir algo, «agua» para pedir agua…; vocalizaciones muy abundantes (jerga).

18 meses: comprensión mucho más extensa, siempre en situación: puede enseñar a petición del adulto distintas partes de su cuerpo, varios objetos familiares e incluso obedece órdenes algo más complejas como «abre la boca», «pon la pelota en la mesa». Empieza a pedir señalando y/o nombrando los objetos. Manifiesta mucho interés por el lenguaje.
Según Gesell, hasta puede disponer de un vocabulario expresivo de diez palabras inteligibles.

24 meses: comprensión muy estable; la jerga, abundante hasta ahora, suele desaparecer progresivamente. Dispone de varias decenas de palabras y empieza a emplear dos o tres de ellas juntas. Predominan los nombres de cosas y personas (aunque con un contenido no necesariamente limitado a la denominación). Empieza a utilizar ciertos pronombres personales (mío, tú, yo…), aunque con una fuerte interpretación egocéntrica.

36 meses: crecimiento muy importante del vocabulario: aprende palabras nuevas cada día; utiliza abundantemente el lenguaje, tanto cuando está solo como para comunicarse con los adultos.

48 meses: sigue el crecimiento del vocabulario; es la edad caracterizada por las preguntas; le gusta jugar con el lenguaje.

Sin embargo, se encuentran muy a menudo niños que se salen de esos cuadros estándar por diferentes razones, del propio niño o de su ambiente social, sin por ello presentar características patológicas. Para los indicadores de anomalía evolutiva, los lectores consultarán el capítulo dedicado a los trastornos del lenguaje.

Desarrollo cualitativo

El estudio cualitativo de la evolución semántica es menos preciso y nos limitaremos a subrayar ciertos rasgos importantes:

— El fenómeno de «estereotipias verbales y dinámicas» del lenguaje es un punto capital en la constitución de este último, como nos lo enseña la observación de estos afásicos que han perdido el uso del lenguaje, excepto de sus fórmulas automáticas o de estos otros que no pueden decir nada si no se les da una inducción paradigmática (el principio de la palabra) o parasintagmática (el contexto conceptual de la palabra).

Según Kreindler, existen «estructuras dinámicas fisiológicas» abarcando todo tipo de actividades y, por supuesto, el lenguaje. Construcciones formadas a partir de un conjunto de estímulos coincidiendo en el tiempo, es lo que explicaría que reconocemos como semejante un mismo fonema pronunciado por una voz de mujer, de niño o, incluso, por el pato Donald.

Estas estructuras podrían constituir igualmente la base de la «suplencia mental», fonética o ideatoria, que permite entender un mensaje, incluso si sus informaciones acústicas están fuertemente perturbadas, como en el caso del teléfono.

A nivel activo, una parte importante del lenguaje está formada por estas estructuras estereotípicas, como conjuntos («¿qué haces?», «tengo mucho gusto»... y sus correspondientes respuestas más o menos autorizadas) o como elementos escogidos para formar un mensaje personal.

Su influencia disminuye naturalmente con la mayor especialización del mensaje, inversamente proporcional a su empleo, es decir, a su reforzamiento y a la impregnación del condicionamiento.

Es cierto que todas las primeras realizaciones del niño son del tipo «estereotipias verbales» en cuanto que son conjuntos globales cuyos elementos no puede el niño emplear por separado y que corresponden a una situación estimuladora muy precisa.

La evolución se hace **por diferenciación a partir de las oposiciones más importantes,** como ya lo había hecho el niño a nivel de los fonemas a partir de las oposiciones articulatorias apertura-cierre, interior-posterior.

Este paralelismo entre la oposición fonética como principio evolutivo de Jacobson y la evolución **léxica**, surge de la definición de Saussure: «La parte conceptual del valor (de una palabra) está constituida únicamente por las relaciones y las diferencias con las demás palabras del idioma».

— En el período lingüístico, Ajuriaguerra hace dos divisiones: la «locutoria» y la delocutiva.
 Durante la primera, el niño emplea las mismas palabras para varias situaciones e, inversamente, a una misma situación puede atribuir varias palabras.
 La segunda corresponde a la adquisición y a la utilización diferenciada de los elementos de la frase (entre cinco y seis años).

— Philippe Malrieu ha publicado una interesante observación del prelenguaje infantil dentro de su contexto ambiental (en **Journal de psychologie,** número 12, 1962).

Distingue dos períodos: el primero, de cero a seis meses, en el cual la influencia de la vida social, aunque importante, no es capaz de introducir las verdaderas formas de comunicación por falta de madurez del niño; el segundo, de seis a catorce meses, en el cual aparecen el control de las vocalizaciones y su utilización para modificar el ambiente.

Antes de seis meses, se observan producciones sonoras que acompañan emociones: llanto-malestar; gritos-deseos; balbuceos-bienestar; más que expresiones, forman parte de la híper o hipotonicidad del comportamiento.

Pero, ya desde el tercer mes, existen ecolalias e, incluso, repeticiones si el adulto emite a su vez el mismo tipo de sonidos.

Al principio, todas estas vocalizaciones son reacciones circulares o reclamaciones o **acompañamiento de las primeras formas de la exploración motriz.**

Las primeras diferenciaciones se harán a nivel de la entonación según la fuerza de la emoción, sin que sean una interpretación de ella, **pero estas diferencias irán estimulando el «feed-back» (auto-control) propioceptivo y auditivo.**

Poco a poco, los fonemas van a reforzarse con la socialización; otros desaparecerán o se agruparán. La reacción de los adultos, que observan o interpretan los comportamientos fonéticos del niño, es muy importante, porque condiciona una vocalización puramente fortuita, dándole un valor semántico cuando la asocia a una situación constante. De seis a doce meses aparecen nuevos fonemas utilizados intencionalmente; la mayoría de las veces son series de sílabas abiertas y directas, con numerosas variaciones a nivel del ritmo y de la amplitud.

Aun como expresión de emociones, estos fonemas pueden presentar varios registros de intensidad.

La comprensión es, al principio, afectiva (voz, entonación, gesto, mímica…) y la iniciativa del diálogo parte del adulto.

Progresivamente, el niño coge la iniciativa porque interioriza los comportamientos de los demás y pasa de un lenguaje emocional a un lenguaje intencional con transmisión de información objetiva.

Y de nuevo encontramos en esa investigación esa idea de que «es en la evolución de la percepción de los demás donde tenemos que buscar el origen principal de los progresos del lenguaje del niño».

Pero añadiremos que, como siempre, es una influencia recíproca; como dice Tabouret-Keller: «en el universo dominado por la afectividad y el sincretismo que se suele describir como el universo del niño de menos de un año, **las primeras palabras introducen «cortes»** y esto incluso si, durante un tiempo, es la misma forma la que es repetida. En calidad de forma físicamente delimitada, ejerce una función de **demarcación, ofrece un soporte concreto no solamente a la ordenación posible de los objetos percibidos, sino, ante todo, a su objetivación.**

Varios autores insisten también en que no se debe ver siempre la evolución del niño como una evolución continua: el desarrollo de casi todas las funciones del niño se hace a través de una serie de pautas, cortes o metas, según la terminología de los autores.

Como ha dicho P. Mounoud, «no comprenderemos nunca suficientemente hasta qué punto tenemos fuertes resistencias en admitir la discontinuidad del desarrollo y cómo hacemos constantemente una hipótesis implícita en progresión lineal y cumulativa».

Sin embargo, ciertas «metas» han sido generalmente admitidas: aparición del lenguaje, del andar, del lenguaje escrito...

Está bien claro que estas funciones no caen del cielo, sino que son fruto de una evolución, pero su llegada provoca un cambio importante y, a veces, radical del comportamiento: el lenguaje con sus posibilidades infinitas de simbolización, el andar con todo un mundo de experiencias psicomotoras posibles...

El desarrollo debe interpretarse como una serie de reconstrucciones sucesivas.

Desarrollo de la función semántica entre tres y seis años

El niño de tres años ha integrado la dimensión simbólica y comunicativa del lenguaje, pero su aprendizaje lingüístico no se limita a esto.

Desde el principio de las vocalizaciones, hemos visto que forman parte de una sinergia motriz: a lo largo de la evolución, el lenguaje seguirá acompañando la acción concreta o intelectual y participando en su desarrollo.

Entre tres y seis años, el vocabulario presenta un aumento muy importante (2.000-2.200 palabras a los cinco años; 2.500-3.000 a los seis años).

Ahora vamos a ocupamos del contenido y las motivaciones del lenguaje de los niños de esa edad; en este campo, el análisis clínico de Piaget en producciones libres de niños (en «El lenguaje y el pensamiento en el niño»), nos ha dado unas observaciones verdaderamente excepcionales, incluso si no se aceptan del todo sus interpretaciones, sobre todo teniendo en cuenta su omisión casi sistemática de los elementos interactivos y pragmáticos.

Seguiremos, en primer lugar, su reflexión.

El vocabulario se hace cada vez más preciso, las estructuras sintácticas se acercan, poco a poco, a las normas adultas, pero la función de intercambio de informaciones queda todavía muy reducida. Según Piaget, **el lenguaje del niño de tres a seis años es, ante todo, egocéntrico, como lo es su pensamiento**: el mejor ejemplo de ello se encuentra en el monólogo.

Si dividimos la producción total de un niño en lenguaje egocéntrico (ecolalia, monólogo, monólogo colectivo en el cual el interlocutor sirve solamente de «pretexto», pero no participa en la conversación) y lenguaje socializado (información adaptada, crítica, órdenes y pedidos, preguntas, contestaciones), se observa que el monólogo, por ejemplo, conserva una gran importancia, incluso entre seis y siete años y que, entre cuatro y siete años, el porcentaje de lenguaje egocéntrico alcanza más o menos el 40 ó 45 por 100.

«El hablar no sirve, en tales casos, para comunicar un pensamiento, sirve para acompañar, reforzar o suplantar la acción.»

Y cuando se habla de lenguaje «socializado» hay que darse cuenta de que el niño, al principio, no se comunica para intercambiar «ideas», sino para satisfacer impulsiones o necesidades o para jugar: estamos otra vez delante de una actitud más o menos egocéntrica.

Esto no quiere decir que guarde sus ideas para él solo: al mismo tiempo presenta una gran incontinencia verbal: dice todo lo que piensa, pero no tanto para socializar su pensamiento como para reforzarlo.

Esa actitud es indispensable para el desarrollo de sus posibilidades intelectuales y el equilibrio de su personalidad.

El retraso que presentan los deficientes auditivos en la adquisición de los últimos esquemas operatorios pone en evidencia el papel importante que tienen todas estas producciones lingüísticas sobre el desarrollo intelectual.

Otro factor favorece también el egocentrismo del lenguaje infantil: es la relativa falta de vida social del niño antes de cinco años, edad en la cual ingresa en la escuela y que se observa también en sus costumbres de trabajo: hasta los cinco años, el niño trabaja generalmente solo; de los cinco a los siete se forman los primeros grupos de dos o tres niños; solamente después aparece un verdadero trabajo de equipo.

La diferencia lingüística (no en su nivel global, sino en su nivel de socialización) entre niños de seis años que ingresan por primera vez en la escuela y los que han seguido dos o tres años de enseñanza preescolar, es significativa.

Entre los siete y los ocho años, el porcentaje de lenguaje egocéntrico ha bajado del 20 al 25 por 100.

Piaget ha intentado construir una clasificación evolutiva de los tipos de comunicación entre niños de cuatro a siete años y ha llegado a un esquema que tenemos que considerar más indicativo que estadístico. Distingue un tipo A (acuerdo entre las opiniones) y B (desacuerdo).

Piaget subraya la coincidencia de las apariciones de un verdadero intercambio de informaciones (desde los siete años) y del nivel lógico de la reflexión (desaparición de la ausencia de sistematización y de coherencia).

Nivel 1	Nivel IIA (Primer tipo)	Nivel IIA (Segundo tipo)	Nivel IIA
Monólogo colectivo… (Cada uno habla de un tema propio)… …	Asociación del interlocutor a la acción o al pensamiento. (Cada uno habla de un mismo tema, pero según su punto de vista personal.)	Colaboración en la acción o en el pensamiento no abstracto.	Colaboraciones en el pensamiento abstracto.
De 2 a 7 años	De 5 a 7 años		Desde 7 años
Nivel 1	Nivel IIB (Primer tipo)	Nivel IIB (Segundo tipo)	Nivel IIB
	Pelea (choque de acciones contrarias).	Discusión primitiva (choque de afirmaciones no motivadas).	Discusión verdadera (choque de afirmaciones motivadas).

Extraído y traducido de **Le langage et la pensée chez l'enfant,** Delachaux et Niestlé, 1968.

Un punto particular del lenguaje de los niños de tres a seis años son las preguntas y principalmente la pregunta «por qué».

Al principio, el «por qué» se refiere a preguntas espaciales y denominativas, después son más de tipo causal y temporal: las primeras son más bien afectivas, las segundas más intelectuales. Pero a veces manifiestan solamente la sorpresa o consisten en una manera desviada de afirmar.

Una gran parte de los «por qué» piden explicaciones de hechos fortuitos, noción (el azar) incomprensible para el niño por culpa de su pensamiento sincrético, de nivel precasual: «¿por qué es rojo el tulipán?», ¿«por qué está ahí el árbol?»…

La contestación habitual «porque sí» no le ayuda mucho sino para darle una fórmula que repetirá más tarde.

En realidad, esta obsesión de los «por qué» no corresponde exactamente a una necesidad de información: se trata con frecuencia de una variedad de ese juego verbal que caracteriza el lenguaje de los niños de esa edad. Sobre todo, lo que el niño espera es una explicación, una causa organizando la realidad; le importa poco la contestación que a veces ni siquiera escucha: lo que le interesa es saber que hay una respuesta a su «por qué».

De esto podemos deducir que tendremos una actitud más positiva, por lo menos al principio, contestándole que el tulipán es rojo porque así es más bonito.

Aquí volveremos otra vez sobre la imbricación entre acción y lenguaje a propósito de lo que Luria y otros han llamado «la función directiva del habla» (Luria: «Desarrollo y disolución de la función directiva del habla», en **Lenguaje y psiquiatría,** Ed. Fundamentos, 1973).

Hemos visto que el lenguaje acompaña constantemente la acción de los niños y que, según parece, participa en su organización. Esto estaría en el origen del lenguaje interior, permanente en los adultos (y, a veces, audible en las personas mayores).

Así Vigotsky afirma que **«el lenguaje, como forma de comunicación con los adultos, se convierte más tarde en una manera de organizar el niño su propia conducta»**, lo que representa una postura, si no incompatible (ver Rivière A., 1986), sí bastante diferente de la de Piaget, ya que invierte el orden seguido por éste.

Vigotsky, partiendo de la idea de que «somos conscientes de nosotros mismos porque somos conscientes de los demás», defiende la idea de un lenguaje como «instrumento funcional»: «el momento más significativo en el curso del desarrollo intelectual, que produce las formas más característicamente humanas de la inteligencia práctica y abstracta, es cuando el lenguaje y la actividad práctica, dos líneas antes independientes, convergen».

La evolución pues sería el paso de un primer lenguaje exteriorizado hacia un lenguaje progresivamente interiorizado a lo largo de los primeros años de la vida: uno de los fenómenos, en los cuales podríamos observar dicha evolución, es el lenguaje que usa el niño durante una actividad solitaria: al principio se trata de un lenguaje explícito con enunciados muy completos, después se vuelve cada vez más elíptico (algunas palabras sueltas) para, finalmente, casi desaparecer por completo.

El volver a situar el análisis del desarrollo del lenguaje en su contexto real, teniendo en cuenta las situaciones, los contextos y los interlocutores, ha propiciado el auge de investigaciones pragmáticas a partir de registros de situaciones naturales donde no se limitaban a recoger lo que decía el niño, sino cuándo, cómo, por qué, con quién… lo producía.

Ya desde la lingüística, Jacobson (1956) había propuesto seis funciones lingüísticas principales: expresiva (necesidades del locutor), referencial (descripción), conativa (el locutor trata de actuar sobre su interlocutor), fática (lo que sirve para mantener la comunicación), poética (función lúdica o artística) y metalingüística (se habla del propio lenguaje).

Pero quizá el autor cuyos trabajos hayan influido más en la pedagogía y la reeducación del lenguaje es Halliday (1976).

Distingue las siguientes funciones y el orden habitual de su aparición en el desarrollo infantil, entre los 9 y los 18 meses:

1. Función instrumental:	«Quiero esto»	Pedir
2. Función regulatoria:	«Haz esto»	Mandar
3. Función interaccional:	«Hola». «Aquí estoy yo»	Interrelacionarse
4. Función personal:	«Me gusta, no me gusta»	Opinar
5. Función heurística:	«¿Qué es? ¿Por qué?»	Preguntar
6. Función imaginativa:	«Vamos a hacer como si»	Jugar

Para realizar dichas funciones, el niño utiliza locuciones, a veces muy elementales, y ligadas exclusivamente a esa función.

En la fase II (18 a 36 meses), las funciones 1, 2 y 3 se reagrupan en la función **pragmática** (lenguaje-acción); 3, 4 y 5, en la función **matética** (lenguaje-aprendizaje). Además, se añade:

7. Función informativa:	«Escucha…»	Informar

Un mismo enunciado puede ser ya utilizado para cualquiera de las funciones.

En la fase III, como en el adulto, todos los enunciados se agrupan en las funciones **interpersonal** e **ideacional**, más la función **textual** (enunciados operativos que sirven a las otras dos). Esto permite llevar a cabo los infinitos usos del lenguaje, muy superiores en número a las siete funciones primitivas.

Aunque esa descripción sea bastante criticable, sobre todo desde el punto de vista metodológico (se basa en el estudio de un solo niño, existen muchos problemas de taxonomía en las clasificaciones de los enunciados), ofrece la ventaja de proponer al educador un esquema útil para programar sus actividades de un modo que no sea exclusivamente formal, es decir, basado en las características exteriores del lenguaje.

LA ORGANIZACIÓN MORFO-SINTÁCTICA

El estudio de la sintaxis y de la gramática ha sido, durante los últimos años, el campo de la lingüística que ha conocido los mayores revoltijos teóricos.

La aparición de nuevas gramáticas que querían describir las estructuras básicas y, si es posible, universales del lenguaje (entre otras, la gramática transformacional y generativa y las gramáticas lógico-matemáticas) hizo desaparecer la antigua clasificación de las «partes de la oración» que resultaba incapaz de dar cuenta de todos los fenómenos del habla.

Actualmente, una psicolingüística más funcional (enfoques pragmáticos, teoría de la enunciación) intenta descubrir los mecanismos que rigen la formación del lenguaje desde una perspectiva mucho más global que lo integre en el proceso general de la comunicación.

El educador se encuentra ahora delante de una formidable controversia de teorías y leyes, que aumenta todavía cuando se enfoca el problema del aprendizaje y se vuelve rápidamente incomprensible para los no especialistas.

Por otra parte, los propios autores acostumbran a realizar correcciones y pasos atrás, abandonando ciertos aspectos de sus teorías (como Chomsky, con la distinción entre estructuras profundas y superficiales).

No obstante, se destacan ciertas reglas generales, permitiendo la comprensión de cómo el niño que ya ha controlado sus vocalizaciones e integrado el mecanismo simbólico, va a poder asimilar todos los matices portadores de información que la morfosintaxis puede introducir en el mensaje lingüístico de los demás y organizar sus propias producciones para diferenciarlas.

La gramática no es sólo una estructura arbitraria que se impone a las primeras realizaciones del niño: es un proceso de perfeccionamiento de las estructuras lógicas primarias que se desarrolla paralelamente al proceso de adaptación de estas estructuras a las claves del código específico de cada idioma, como queda muy bien explicitado en los esquemas elaborados por Saussure.

Las «gramáticas infantiles»

Todos los análisis del lenguaje infantil han insistido en que las diferencias entre la sintaxis adulta y la infantil no se pueden describir como una mera reducción del modelo adulto.

Esto se evidencia por el fenómeno de que, en cada momento, el sistema lingüístico es, para el niño, algo completo, cerrado en sí mismo, absolutamente autosuficiente y, al mismo tiempo, en continuo progreso en su esfuerzo de adaptación a su modelo.

Es también una consecuencia de que el niño adquiere las estructuras morfo-sintácticas según dos procedimientos diferentes: el primero, claro, por imitación, utilizando las «unidades de oración» aprendidas y recordadas como un todo; pero también se sirve de la extensión analógica (lo que provoca de vez en cuando unos errores «analógicos» del tipo: «he rompido»…).

Con estos dos mecanismos, el niño llega a tener un sistema lingüístico propio que se adapta al del adulto por un gradual desarrollo de las reglas y no necesariamente por la sustitución integral de una regla por otra o por la adquisición de reglas una por una.

Por eso, no hay que conceder demasiada importancia a los defectos de la morfo-sintaxis infantil, porque, como dice Francescato, «las deficiencias morfológicas de la frase infantil respecto al modelo adulto no son, en realidad, más graves de lo que puedan serlo las deficiencias fonéticas (que, no obstante, aceptamos sin objeción en la pronunciación infantil) respecto al sistema fonético del adulto»[16].

Saussure decía que «aprendemos el idioma al cabo de innumerables experiencias», y parece que nos encontramos de nuevo con el mecanismo señalado a propósito del aprendizaje lexical: el progreso se basa en una serie de hipótesis cada vez más adaptadas al modelo, mecanismo totalmente de acuerdo con los mecanismos de equilibración entre acción propia del organismo e interferencias del medio ambiente, en Piaget.

Destacaremos también la importancia de la impregnación de la gramática del idioma materno en los procesos lingüísticos; la adquisición, sobre todo gramatical, de un segundo idioma se ve filtrada a través de las categorizaciones de la lengua materna, que sólo se superan con gran esfuerzo: se sigue mucho tiempo hablando el segundo idioma con las construcciones y estructuras del idioma materno.

---

16. G. Francescato: **El lenguaje infantil.**

Los mecanismos

Frente a la facilidad del niño para generalizar por analogía, se ha pensado que éste se sirve de reglas morfológicas inducidas por la experiencia, es decir, por la utilización de frases o «unidades de oración» emitidas al principio como un todo.

Así, Brown, Berko y Fraser afirman que el niño induce una gramática a partir de las regularidades de la muestra de frases producidas por los adultos.

Siguiendo esta hipótesis, habría que tener en cuenta las transformaciones que los adultos hacen sufrir a sus producciones lingüísticas cuando se dirigen a niños.

En la mayoría de los casos, emplean frases afirmativas, imperativas o interrogativas sencillas, refiriéndose a hechos actuales y construidas según uno o dos tipos de combinaciones de palabras.

Pero también, según los idiomas, estas frases pueden tener o no la misma estructura aparente, diferenciándose únicamente por la entonación: así pasa con las frases afirmativas e interrogativas en muchos idiomas europeos: «Quiere vino» y «¿Quiere vino?».

Sin embargo, existen algunos hechos que contradicen esta teoría. Hablaremos aquí de los dos principales.

El lenguaje de los niños presenta con frecuencia formas gramaticales enteramente originales (es decir, sin analogía con la gramática adulta), y aberrantes para la norma del lenguaje correcto.

Igualmente se observa que cuando se hace repetir al niño frases adultas más o menos complejas, se producen omisiones, pero también una frecuente transformación morfológica, adaptando la frase según sus propias reglas. Incluso el tipo de omisión que se nota, según Brown y Belluzi, no parece debida a unas limitaciones del vocabulario o de la memoria inmediata, sino a un carácter de planificación diferente y más limitada que la del adulto.

Por otra parte, como varios autores más, Smilauer ha observado que «bajo la influencia de la emoción o de la voluntad, lo esencial del discurso se encuentra con frecuencia en primer lugar, mientras la causa llega después».

Este fenómeno provoca frases como «agua papá Guille», donde el elemento imprescindible se ve propulsado hacia adelante. Pero si extrapolamos lo que ha sido y será la evolución de la expresión de ese mensaje, llegaríamos a lo siguiente:
«Agua»
«agua Guille (Guillermo)»
«agua papá Guille» o «agua Guille... papá»
«papá agua Guille»
«papá da agua Guille»

«papá dame agua».

(Se deja la locución «por favor» a los criterios educativos del lector.)

Parece ser entonces que la palabra que constituía por sí sola la primera frase es, durante un tiempo, suficientemente importante como para dominar el orden habitual de la frase.

Esto constituye un fenómeno lógico, puesto que es por su calidad de palabra más relevante, es decir, más cargada de información por lo que había sido elegida y memorizada para transmitir al principio todo el contenido del mensaje.

Hechos como estos han inducido a afirmar el paralelismo entre desarrollo de las estructuras sintácticas y desarrollo de la categorización; cada paso en las posibilidades de categorizar permitiría una nueva transformación gramatical.

Es, sin embargo, significativo que las dos edades en las que se observa el mayor desarrollo de la sintaxis (entre dos y tres años, cuando se hacen los primeros conjuntos y las primeras diferenciaciones gramaticales; entre seis y siete años cuando empieza el empleo reversible consciente de las reglas sintácticas y gramaticales) coincidan con dos períodos importantes del desarrollo intelectual: tres años es el principio de la evolución del pensamiento sensorimotor hacia el pensamiento pre-operatorio, y es entre seis y siete años cuando el niño accede a la primera meta operatoria concreta.

En los sistemas lingüísticos que ha estudiado Sinclair de Zwart, esa autora ha observado la presencia «de modos de estructuración correspondientes a los mecanismos operatorios que conducen a la adquisición de las nociones de conservación y seriación...; el modelo operatorio... explica las adquisiciones verbales del niño en este campo de una manera más profunda que un modelo probabilista o asociacionista»[17].

Y, en otro artículo, se opone, como muchos autores más, a la idea de que las estructuras profundas del lenguaje sean innatas:

«Si suponemos que en este momento el niño ha adquirido en el desarrollo de su inteligencia sensori-motriz ciertas estructuras que le permiten justamente empezar la adquisición de su idioma materno, ya no tenemos tanta necesidad de suponer que estas hipótesis sobre la estructura del lenguaje o de su idioma sean hipótesis innatas; se puede muy bien suponer que estas hipótesis son el resultado de lo que ha elaborado dentro de su inteligencia práctica, sensori-motriz»[18].

Por el contrario, un autor como Slobin (1984), a partir del estudio comparativo del lenguaje infantil en más de 40 idiomas y de las dificultades que encuentran (o no encuentran) los niños en la adquisición de las reglas específicas de sus idiomas, observa

---

17. Sinclair de Zwart: **Acquisition du langage et développement de la pensée**, Dunod, 1967.
18. Sinclair de Zwart: «Le développement des structures sensori-motrices en tant que modèle heuristique...», **Bulletin d'audiophonologie**. Vol. 4. N.O 6, pág. 366, 1974.

ciertas regularidades que propone como mecanismos universales (y, como tal, probablemente innatos) en las estrategias de adquisición de la comprensión y producción del lenguaje, aunque no se pronuncia respecto al tema de si se trata de mecanismos específicamente lingüísticos o más generales, de tipo cognitivo.

Los enumera bajo la forma de unas instrucciones que seguirían los niños, entre otras:
— presta atención a los finales de las palabras;
— presta atención al orden de las palabras y de los morfemas;
— tiende a asociar marcadores gramaticales y valores semánticos;
— evita las interrupciones y las excepciones;
— marca claramente las relaciones semánticas.

En conclusión parece que, al igual que el niño estructuraba la realidad a través de los filtros de sus posibilidades representativas, adquiere las estructuras sintácticas gramaticales construyendo sus enunciados con elementos sacados del material lingüístico ofrecido por los adultos o por los otros niños a través de los filtros de sus posibilidades categoriales u operatorias.

Es evidentemente una definición que no aclara mucho respecto a los mecanismos empleados, pero tiene el mérito de delimitar el campo de las investigaciones.

«Toda conducta inteligente —vamos a seguir con Sinclair de Zwart— desde el niño que tira de la manta para coger un objeto que está encima, hasta el matemático que establece ecuaciones, es una acción organizada, en la cual todo lo nuevo es asimilado a lo conocido y lo conocido acomodado a lo nuevo. A todos los niveles, una conducta cognitiva es una acción (concreta o interiorizada) cuya función es la adaptación del sujeto a su ambiente por interacción. La continuidad del desarrollo se encuentra, pues, en las nociones por una parte de acción y por otra de función.»

No entraremos más en discusiones dialécticas para determinar el porqué y el cómo de esta evolución, pero los experimentos han puesto bien claro que las capacidades categoriales y operatorias se desarrollan entre cero y doce años y que existe un paralelismo importante con el desarrollo de las estructuras morfosintácticas en el niño, aunque no se sepa la naturaleza exacta de los intercambios entre ambas funciones.

Pautas evolutivas

Según las teorías «clásicas», las primeras palabras son evidentemente sustantivos (agua, nene, coche…), pero varios autores, como Neuman, apoyándose en el hecho de que estos sustantivos expresan exclusivamente deseos, emociones…, les conceden la calidad de «verbos».

¿Es que las primeras palabras tienen ya un valor gramatical?

A primera vista, parecen tener únicamente un valor semántico léxico: el niño se sirve primero de palabras tomadas en un sentido lexical para después proyectar en ellas el reflejo de las funciones gramaticales.

Pero, en realidad, las primeras palabras se suelen considerar, desde un punto de vista funcional, como frases, frases «holofrásticas» (o palabras-frases o frases monoremas, según la terminología de cada autor), y hay que concluir entonces en la absoluta contemporaneidad de desarrollo de los aspectos semánticos, léxicos y gramaticales.

Estas primeras frases son «monoremas» en cuanto que son expresión de una toma de posición unitaria frente a un contenido de conciencia (a cada «unidad» de pensamiento corresponde una «unidad» de oración, sean palabras o frases, según las posibilidades del niño, pero la frase no representa una yuxtaposición de ideas representadas cada una por una palabra, sino la expresión de una idea única, más o menos compleja), pues hay que tener en cuenta el factor importantísimo del contexto concreto que rodea la emisión de esta frase: si se examina el acercamiento posterior de dos palabras en razón de la entonación, las frases no sólo resultan eficientes para la comunicación, sino que pueden ser juzgadas de la misma forma que las frases gramaticales «correctas».

Al principio, según Guillaume, para sus frases monoremas y para las primeras frases de dos o tres palabras, el niño utiliza únicamente las palabras semánticamente «llenas» (sustantivos, verbos, adjetivos) y omite las «vacías» o «nexos» (preposiciones y conjunciones). Algunos llegaron entonces a la idea de que la frase primitiva era una especie de abreviación del modelo adulto, provocada por las limitaciones intelectuales o una memoria deficiente; hemos visto anteriormente que este fenómeno resulta más bien de una sucesión progresiva de sistemas estructurales diferentes del modelo adulto, pero en ningún momento de una copia incompleta.

Otros, como Braine, adoptan una teoría según la cual el niño categoriza inicialmente las palabras en palabras «pivot» (eje) y palabras «x»: El niño selecciona en el lenguaje adulto un pequeño conjunto de palabras que va a utilizar en sus propias producciones, dándole un sitio fijo, con frecuencia al principio, pero a veces no.

Es una palabra «pivot» con la que se puede combinar cualquier otra susceptible de combinación con ésta.

Ejemplo:
> **pupa** nene
> **pupa** aquí
> **pupa** malo
> **pupa** guau guau

La pertenencia a la clase «pivot» o «x» no tiene nada que ver con las categorías habituales sustantivos-verbos, aunque existen coincidencias numerosas, y una palabra puede, ocasionalmente, pasar de P a x.

Sin embargo, en la actualidad, existe una preferencia para las gramáticas semánticas para dar cuenta de la estructuración de los enunciados de esa etapa: parece en efecto poco probable que el niño de esa edad disponga de categorías tan abstractas como la de sujeto, nombre o predicado.

Así, Bloom y otros (1975) proponen un cuadro de análisis por **categorías de interpretación:**

Acción	Existencia
Acción con locativo	Negación
Estado con locativo	Recurrencia
Llamada de atención	Atribución
Estado	Preguntas (con marcador)
Intención	Beneficiario de una acción
Causalidad	Instrumento
Posesión	Lugar

No es fácil establecer una cronología exacta de la evolución de las adquisiciones estructurales: para simplificar, podemos decir que se desarrollan en tres niveles:

- **El orden de la frase** (el orden básico cambia de un idioma a otro: Sujeto, verbo, complemento, en castellano, francés... Sujeto, complemento, verbo, en alemán, holandés), que da sentido a la frase, pero que tiene unas normas arbitrarias que el niño tiene que aprender a respetar.
  El orden de las palabras es muy importante para el niño, porque hasta 36-40 meses dispone de pocas flexiones y nexos para matizar su mensaje, y por eso recurre a veces a construcciones personales y modificaciones de la entonación para dar más relieve a ciertas palabras.

- **Las flexiones,** es decir, las variaciones dentro de una misma palabra (plural-singular, masculino-femenino, los tiempos en los verbos).

- **El uso de nexos:** preposiciones, conjunciones, pronombres relativos, deícticos..., etc.

De 12 a 24 meses: **Frases holofrásticas:** una sola palabra, generalmente un sustantivo, con un contenido amplio.

De 21 a 24 meses: Aparición de las **primeras combinaciones** de dos o tres palabras; el orden natural SVO no está todavía integrado y no existen flexiones (sustantivo singular o plural, verbos infinitivos o flexionados, pero siempre bajo una sola forma) ni uso de nexos; la significación gramatical depende más bien de la entonación, de gestos y mímica añadidos; generalmente, estas frases siguen expresando deseos, emociones, pero algunas veces dan un comentario sobre una persona u objeto («papá malo, mamá fuera...»).

A los 30 meses: Enunciados de 3 ó 4 palabras: aparición del artículo indefinido y algunos pronombres personales (yo, mí, tú, ti); el orden se adapta progresivamente al idioma; uso rígido del plural y singular para las mismas palabras; imperativo, infinitivo, presente de indicativo, gerundio y predicado imperfecto son las flexiones más habituales pero con mucha rigidez: con frecuencia, un determinado verbo sólo aparece con una sola flexión en todos los enunciados; primeras preposiciones: a, en, para, de.

A los 36 meses: artículos definidos y contractos; el orden correcto de las palabras se impone generalmente en los enunciados simples; el control del plural-singular y de los tiempos se hace más flexible; emplea la fórmula de futuro «voy a...» con «hacer», «tener», «ir»; empleo inicial de relativos, interrogativos; aparición de nuevas preposiciones «por», «con»... pronombres él, ella, ellos, ellas, nosotros; primeras coordinaciones entre enunciados simples (y, o).

De 36 a 48 meses: Llega a formar frases correctas de seis a ocho palabras, aunque la media general sea de cuatro a cinco; gran número de adjetivos y adverbios, sobre todo de lugar; añade formas de futuro para los verbos y distingue mejor el uso de los distintos tiempos del pasado; uso, frecuentemente incorrecto, del subjuntivo.

A los 54 meses: usa adverbios de tiempo (hoy, ayer, luego). Empieza a construir propos. subord. circunstanciales de causa y consecuencia.

A los 60 meses: empleo generalmente correcto de los relativos y conjunciones, pronombres posesivos y tiempos principales, incluyendo el condicional. Emplea subordinadas circunstanciales de tiempo, aunque con problemas de concordancia.

Hemos hablado ya de la diferencia que existe entre los procesos de comprensión y los de expresión: a nivel estructural también se observan fenómenos que dejan perplejos a más de un investigador.

Estudios ya clásicos han podido demostrar que, en la comprensión de una frase, el niño adquiere progresivamente tres tipos de estrategias que, luego, irá empleando en función de la situación:

- La **estrategia pragmática,** que se basa en el contenido lexical y su combinación más probable.
  Una frase muy elaborada como «la cerilla ha sido rota por el niño» es entendida por niños muy pequeños, a pesar de su estructuración sofisticada, porque la combinación cerilla-niño-roto sólo se puede interpretar de una manera.
  Es una estrategia muy simple que empleamos también cuando intentamos entender una conversación en un idioma que no dominamos muy bien: «pescamos» algunas

palabras y las relacionamos en función del significado más lógico o previsible; en general, nos saca de apuro, pero también nos lleva a cometer errores olímpicos.

- La **estrategia posicional** se basa en el orden y en las posiciones de las palabras en la frase, y es· la que el niño utiliza cuando es capaz de distinguir entre

    el niño empuja a la niña,
    la niña empuja al niño,

    pero que resulta insuficiente para entender una frase como

    la niña es empujada por el niño,

    donde el orden «clásico» agente-acción-paciente se ve invertido.

Estas estrategias posicionales se desarrollan entre tres y seis años.

- La **estrategia morfo-sintáctica** viene a completar el proceso a partir de seis-siete años, y se centra sobre las modificaciones sintácticas significativas cuando las estrategias anteriores no pueden solucionar el problema.
A partir de entonces, utilizará las tres estrategias, se supone que en función de los problemas planteados por el mensaje y la situación, siguiendo la ley de economía del mínimo esfuerzo.

Sin embargo, se observa que, en su lenguaje espontáneo, el niño no emplea este tipo de locuciones complejas utilizadas en las pruebas de comprensión; la tendencia es a producir esquemas sencillos con algunas modificaciones típicamente infantiles para darle más énfasis a tal o cual palabra.

Esto vuelve a plantear la necesidad de disponer de descripciones mucho más precisas, realizadas a partir de registros de lenguaje espontáneo, en la línea de los estudios de D. Crystal con el idioma inglés. Para el castellano, desgraciadamente, sólo disponemos de datos escasos y sueltos.

Con el peligro de repetirnos, insistiremos otra vez (porque es importante a nivel pedagógico) sobre el carácter global y no-consciente de esa evolución: el niño llega a los cinco años con unas construcciones sintácticas complejas, pero sin tener una idea precisa de lo que es, por ejemplo, una palabra.

Cuando intentamos contar las palabras de una frase oral con los niños sabemos cuán difícil es separar grupos como «la niña pequeña», «mi hermano Paco», «eres feo»…

Incluso podemos observar cómo los niños conciben fácilmente que «comer en casa» y «comer en el colegio» (lugar donde se realiza la acción) expresan la misma acción de comer; sin embargo, «comer un caramelo» y «comer un huevo» (objeto de la acción), durante mucho tiempo se entienden como dos acciones **esencialmente** diferentes.

LA ORGANIZACIÓN PSICO-AFECTIVA

A lo largo de esta serie de capítulos que han intentado describir la evolución del desarrollo y del aprendizaje del lenguaje en el niño hemos desmontado la función lingüística en diversos mecanismos para facilitar su análisis: pero, en la cadena comunicativa hemos tratado sobre todo del mensaje y de la clave. Nos queda por examinar ahora a este hablante y a este oyente cuyas características van a tener una influencia primordial en la realización y el desarrollo del lenguaje.

En efecto, siendo el lenguaje una función fundamental del ser humano, es preciso insistir sobre la importancia de sus relaciones con la personalidad y la inteligencia del individuo.

El niño sordo de nacimiento, por la ausencia de un lenguaje organizado, no solamente presenta ciertas dificultades intelectuales, que llega a veces a superar (lo que no disminuye en ningún caso la importancia del lenguaje en los procesos intelectuales del oyente, que no emplea los mecanismos compensatorios que emplea el sordomudo), sino también unos comportamientos típicos por falta de un medio apropiado de comunicación. De allí la importancia para ellos de un sistema alternativo de comunicación precoz.

Estas relaciones entre la zona afectiva e intelectual y el lenguaje, no se limitan al individuo, sino que integran todo su medio ambiente familiar o socio-cultural.

«El lenguaje se organiza en relación con la pulsión relacional y con la receptividad de los padres quienes constituyen su objeto.»[19].

---
19. J. de Ajuriaguerra: **Manuel de psychiatrie de l'enfant.** París. Masson, pág. 351.

Personalidad y lenguaje

La personalidad, en sus características individuales (afectivas e intelectuales) y en su evolución general, condiciona la aparición, el desarrollo, las estructuras y las posibles perturbaciones del lenguaje.

Nivel evolutivo general

Desde los primeros meses de vida, entra en juego, aparte del tono global y de los sistemas reflejos, una función que podríamos llamar «**la función apetitiva**»; se sabe que el niño habla **porque le apetece tanto o más que porque lo necesita,** y eso desde los balbuceos.

Esta función apetitiva depende de la pulsión relacional del niño cuya fuerza parece que sea de carácter endógena y dependa del equipo genético y funcional, pero puede ser también estimulada, apagada o desviada por el ambiente.

Es decir, que podemos distinguir niños con pulsión relacional fuerte y otros con pulsión relacional débil (generalmente asociado a un cuadro pulsional fuerte o débil), pero depende del medio ambiente el que esta energía se desarrolle o se marchite.

A lo largo de la evolución psico-afectiva, los objetos de esta pulsión van a cambiar, así como el lenguaje, que va a recibir también los impactos de la sucesión de las fases de la evolución libidinal y de la evolución intelectual.

Pero, a través de estos cambios, permanece la importancia de la inversión psicológica positiva, que va a ser una condición indispensable para un desarrollo armónico de todas las funciones sensoriales, motrices o intelectuales del lenguaje, en la infancia y para toda la vida.

Sin embargo, si es necesario que la inversión psicológica sea máxima para que el lenguaje pueda constituirse (desde luego, se desarrolla a través del momento psicológico más rico en pulsiones, fonética en el balbuceo por el placer oral, semántica ligada a la fase anal de agresión, incorporación y constitución de su personalidad, morfo-sintáctica a la evolución del pensamiento objetivo), es igualmente necesario que después se produzca una cierta desinversión para permitir que la evolución se haga hacia una mayor automatización (lo que no ocurre, por ejemplo, en la tartamudez): esto va a coincidir con la fase de latencia, donde se observa una disminución de la energía pulsional general.

Creo que puede resultar interesante confrontar las metas de desarrollo del lenguaje con las tres teorías evolutivas principales de la psicología del niño: la de Freud, centrada sobre la energía libidinal, la de Wallon, sobre una dinámica basada en la observación neurofisiológica, la de Piaget, más enfocada sobre los aspectos cognitivos (ver cuadro siguiente).

Nivel individual

Existen connotaciones (valores suplementarios o de información adicional) que informan al oyente sobre la personalidad, el grupo social, el origen geográfico, el estado psicológico actual, las intenciones... del hablante, con el control más o menos consciente de este último.

Es decir, que la **forma** de hablar de un niño puede darnos mucha información sobre su personalidad o su estado actual: intensidad de la voz, rapidez de la expresión, articulación general, calidad de los mensajes, fluctuaciones según la situación, motricidad global durante la fonación...

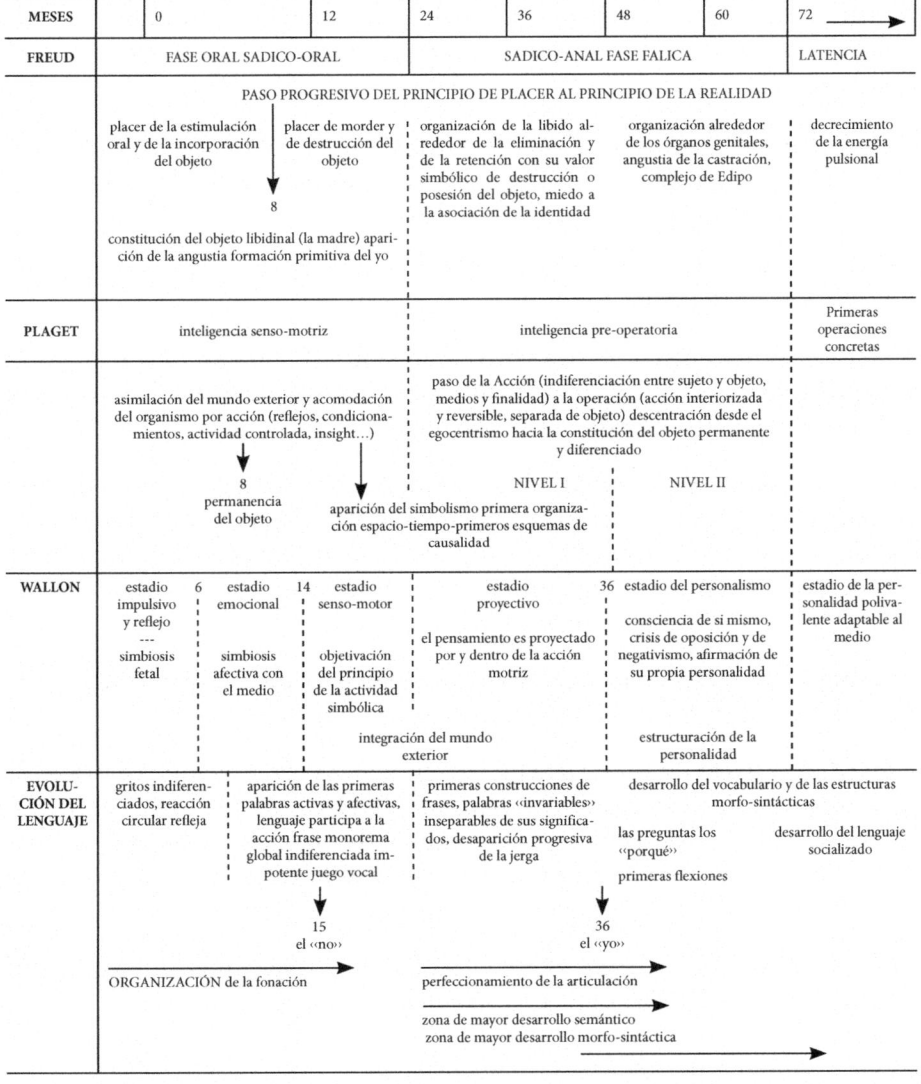

A través de estas características, menos vigiladas por el consciente y, en consecuencia, menos «filtradas» y más «objetivas», el subconsciente deja o hace pasar una parte de sus estructuras bajo una forma más o menos simbolizada (caso típico del «lapsus linguae», error «involuntario» que suele expresar un conflicto actual inconsciente), al menos que **emita mensajes informativos** destinados a nuestro propio subconsciente.

Es muy fácil observar todas las transformaciones que un cambio de interlocutor produce en la expresión verbal (de un botones al director general, por ejemplo) y los hombres políticos saben muy bien que es la forma la que da su valor a sus discursos, sea cual sea su contenido semántico.

El **discurso del educador,** aparte del mensaje objetivo, transmite una serie de características suplementarias que llamarán la atención y el interés de sus alumnos: estas características pasarán, sobre todo, por el canal del lenguaje, pero también por la mímica, la motricidad general...

A cada tipo de personalidad corresponde más o menos un tipo de lenguaje y un tipo de comunicación: el tipo maníaco-depresivo, por ejemplo, tiene generalmente una voz alta, habla muy rápido con tendencia a la taquilalia.

La influencia del ambiente

Si no existen estímulos exteriores o si éstos son insuficientes, la organización de la actividad cerebral se para o se hace de forma incorrecta, incluso en el caso de que la corteza cerebral esté preparada para funcionar.

Es importante la **cantidad** y la **calidad** de los estímulos (tanto desde el punto de vista lingüístico como afectivo), pero también el **momento cronológico** del desarrollo en el cual su presencia o su ausencia van a jugar un papel fundamental: sabemos que existen metas de desarrollo en las cuales las posibilidades de aprendizaje son máximas para decrecer luego más o menos rápidamente («edad crítica»).

Aquí enfocamos este tema sobre todo desde el punto de vista del lenguaje, pero es válido para todas las funciones y el conjunto de la personalidad.

El niño dispone al nacer de un potencial bastante más rico de lo que se suponía, fruto de la herencia, de la construcción neurofisiológica y de la historia prenatal: estos factores se van a enfrentar con las características del medio ambiente para que «lo que es posible se cumpla y lo que es probable se realice en los diversos momentos de la madurez, en el cuadro de la organización funcional evolutiva»[20].

Este potencial inicial explica las diversas evoluciones dentro de un mismo ambiente, y este último las diversas evoluciones a partir de un mismo potencial.

---

20. J. Lacan: **Ecrits**. Edition du Seuil. pág. 247.

Resumiendo, diremos que la influencia del medio, sobre todo familiar, pero él mismo condicionado por su ambiente socio-cultural, va a ser determinante en la evolución general del niño y en su evolución lingüística.

Esta influencia se sitúa a dos niveles: a nivel puramente lingüístico —según la riqueza y la corrección de los modelos— y a nivel afectivo según la calidad de la pulsión relacional que van a presentar los padres a la propia pulsión del niño: una pulsión débil con un medio pasivo provocará un retraso evolutivo; al contrario, una pulsión fuerte con un medio pasivo puede ocasionar frustraciones o desviaciones de la inversión psicológica, y una pulsión débil con un medio muy activo, impaciente, puede originar un complejo de angustia.

ESQUEMA DEL DESARROLLO DEL LENGUAJE
(Wyatt, **Pediatrics**, 1965)

	Desarrollo del lenguaje del niño	**Papel de la madre**
0-12 mes	Estadio pre-simbólico; comunicación pre-verbal con la madre a través de gritos, sonrisas y sonidos ligados a la sensación de placer o disconformidad, balbuceo.	Relación verbal dual; la madre es el objeto libidinal y el modelo verbal primario; la madre comunica de forma preverbal por el tacto, el tono de voz, la expresión de la cara, los cuidados, los juegos, etc.
1-2 años	Principio del estadio simbólico de denominación; aprendizaje de fonemas; principio de la discriminación entre los sonidos.	Adaptación e imitaciones mutuas, adecuación de palabras, desarrollo de la identificación recíproca. La madre procura el «feed-back» verbal al niño.
2-3 años	Principio del estadio relacional; principios de gramática en palabras y estructuras de sonidos.	Siguen la imitación mutua y el «feed-back» recíproco; relaciones sintácticas entre frases y entre palabras.
3-6 años	Continuación de los principios del estadio relacional. Aprendizaje de palabras nuevas; experimentación de la significación de las palabras: continuación del aprendizaje de las estructuras de sonidos, sintaxis y organización del discurso.	Las estructuras primitivas del habla están progresivamente interiorizadas. El niño se vuelve poco a poco independiente de su madre y puede aprender a hablar con otros modelos verbales (personas familiares).
6-7 años	Principios de la enseñanza formal. Las estructuras de sonidos están adquiridas por la mayoría.	Los profesores, amigos, radio, televisión y, finalmente, los libros empiezan a ser partícipes de la comunicación y constituyen modelos verbales.

Lenguaje y personalidad

Después de haber visto cómo la personalidad del individuo interviene en la formación, el aprendizaje y la expresión del lenguaje, abordamos aquí el tema inverso: qué papel juega la función lingüística (en sus múltiples aspectos de simbolización, proyección abstracta, comunicación…) en la construcción y realización de la personalidad.

El lenguaje da al niño un sistema de referencias abstractas que no le van a servir únicamente para construir esquemas cognitivos, ejercer sus mecanismos intelectuales y recibir informaciones, sino también para intercambiar, integrar y vivir sus relaciones afectivas y construir su personalidad.

Si al principio el niño **recibe** la palabra, rápidamente **goza** de ella, de sus propias producciones, para enterarse de inmediato de que posee un formidable instrumento de acción sobre los demás: la palabra, que da al objeto su valor, formando al principio parte íntegra de él, antes de ser simplemente su señal.

(El ejemplo del «yo», que aparece cuando empiezan las afirmaciones de la personalidad, es muy claro: Decroly ha observado que durante varios meses, el «yo» se emplea en frases muy afectivas mientras sigue el empleo del nombre propio en frases más neutrales.)

No se debe olvidar que el **otro está siempre presente en la expresión lingüística** y que, comunicando con el otro, hablando al otro, el sujeto se reconoce o se descubre a sí mismo: es un fenómeno un poco parecido al «feed-back» de las primeras vocalizaciones. El lenguaje «hacia el otro para ir a sí mismo» es un punto fundamental de la psicoterapia «siempre que tenga un oyente, no existe palabra sin respuesta, aun cuando no encuentre otra cosa que el silencio, y en ello radica la esencia de su función en el análisis», dijo Freud.

Aquí recordaremos simplemente que el lenguaje constituye una vía de intercambio entre el medio y el individuo, entre el otro y el yo y entre los diversos componentes de la personalidad: vía de penetración para los elementos lingüísticos, sociales y afectivos (dentro y fuera del campo semántico, es decir, del contenido objetivo de las palabras) y vía de exteriorización o proyección de elementos pulsionales, afectivos e intelectuales, quienes, por su propio eco, permitirán una mayor objetivación del ser.

LOS TRASTORNOS DEL LENGUAJE EN PREESCOLAR

La causa de un trastorno de lenguaje raramente es unívoca pero, tradicionalmente, se han distinguido causas exógenas (exteriores al sujeto) y endógenas (del propio sujeto). Aun reconociendo la validez de esta dicotomía, no podemos olvidar que un trastorno algo importante del lenguaje o del habla **modifica** sustancialmente la interacción entre el niño y su entorno y puede provocar alteraciones en la actitud de este último o en su forma de expresarse (así, un niño que no habla, que habla poco o muy mal inicia escasas situaciones de diálogo y se ve pues sometido a una estimulación social inferior a la que provoca y recibe un niño con gran iniciativa de lenguaje). Un cuadro de etiología endógena puede, pues, verse complicado con características típicas de un cuadro de etiología exógena.

Hay que tener en cuenta que un concepto como el de retraso de lenguaje deriva de una interpretación cuantitativa, basada en frecuencias estadísticas de aparición de determinadas pautas del desarrollo. Hay que recordar, al respecto y en primer lugar, la gran elasticidad que presenta el desarrollo normal de la **expresión oral** en los 3/4 primeros años, sin que se haya podido relacionar estas diferencias de precocidad con competencias posteriores.

Por otro lado, cuando se producen importantes retrasos en la evolución del lenguaje, retrasos que sobrepasan límites normales, no se reducen únicamente a un aspecto cuantitativo. De la misma forma que no se puede comparar un deficiente mental de 10 años y 5 años de edad mental a un niño normal de 5 años, un lenguaje retrasado, situado estadísticamente a una edad determinada, nos permite hacemos una idea de las capacidades expresivas y comprensivas del niño, pero en ningún caso pensar que ese nivel corresponde exactamente al lenguaje normal de esa edad.

Tampoco se puede aislar el grado de madurez de la situación de aprendizaje: un niño inmaduro para un determinado aprendizaje en unas determinadas circunstancias puede ser capaz de realizarlo en circunstancias más adecuadas para él. Finalmente, las características, tanto de intensidad como de calidad, de la estimulación exterior no son ajenas al ritmo de maduración neurológica.

Trastornos del lenguaje

Algunos autores parten de una diferencia clara entre los distintos trastornos del lenguaje, estableciendo clasificaciones muy detalladas. Otros los conciben más bien como un continuo cuyos extremos serían el retraso simple (forma más benigna) y la afasia congénita (forma más grave), el resto de los trastornos constituyendo formas intermedias de gravedad variable. Parece, sin embargo, que, sobre esa distribución continua, existe una ruptura entre lo que correspondería a un desfase cronológico más o menos importante pero que respetaría las pautas evolutivas normales (serían los distintos niveles de gravedad del retraso simple de lenguaje) y lo que sería un desfase cronológico asociado a la presencia de anomalías lingüísticas, es decir, de pautas de lenguaje que no se observan en el desarrollo normal (se trataría de la disfasia y de la afasia congénita).

Retraso simple del lenguaje

Se trata de un **desfase cronológico** del conjunto de los aspectos del lenguaje (fonética, vocabulario, sintaxis) en un niño que no presenta alteraciones evidenciables ni a nivel mental, ni sensorial, ni motor, ni relacional. Unas pautas cuantitativas de tal retraso podrían ser: aparición de las primeras palabras después de los 2 años en vez de los 12/18 meses; primeras combinaciones de dos/tres palabras a los 3 años en vez de a los 2; persistencia de numerosas dificultades fonéticas, sobre todo omisiones de sílabas iniciales después de los 3 años; vocabulario limitado a menos de 200 palabras expresadas a los 3 años y medio; simplismo de la estructuración sintáctica a los 4 años.

En estos casos, la comprensión aparece siempre como superior a la expresión, pero no debemos olvidar que, en la comprensión de un enunciado oral en situación real, intervienen más factores que los lingüísticos (gestos, interpretación del contexto…) que pueden compensar dificultades de comprensión verbal que sólo un examen detenido puede evidenciar.

El cuadro de retraso simple de lenguaje se ve acompañado con frecuencia, aunque no siempre, de un ligero retraso psico-motor, de retraso en la expresión gráfica y en el establecimiento de la dominancia lateral.

Un dato comúnmente señalado es la falta de apetencia lingüística, que no comunicativa, en los primeros años, una mayor proporción de utilización instrumental del lenguaje a detrimento de una utilización más lúdica e imaginativa.

Entre las causas exógenas, se suelen mencionar la insuficiencia de la estimulación familiar, el escaso nivel socio-cultural del entorno o una situación de bilingüismo mal integrado. Las causas endógenas se describen en general de forma bastante imprecisa: algunos autores apuntan déficit lingüísticos específicos de origen hereditario, otros se centran en las dificultades para establecer pautas normales de comunicación y extraer de ellas modelos lingüísticos correctos, algunos integran el retraso lingüístico en un conjunto de trastornos instrumentales.

Sabiendo que todos los niños no desarrollan su expresión oral con el mismo ritmo, sin embargo, se debe estar muy atento a los retrasos más importantes, generalmente acompañados de trastornos fonéticos y fonológicos que son los que más llaman la atención, pero no deben esconder la verdadera amplitud del problema. En ese sentido, para el maestro(a) recordemos que presentan un retraso suficiente como para necesitar una exploración especializada:

- el niño que entre los 12 y los 24 meses no presenta jerga espontánea ni aparente comprensión de palabras y órdenes sencillas;
- el niño que no ha empezado a pronunciar sus primeras palabras a los 24 meses;
- el niño que no construye pequeños enunciados de dos o tres palabras a los 3 años;
- el niño que, después de los 42 meses, presenta un lenguaje todavía ininteligible para personas ajenas.

Disfasia infantil congénita

Ese cuadro se describe también bajo los nombres de retardo severo, retraso grave, perturbación grave de la elaboración del lenguaje. Se trata de un déficit, sin sustrato lesional evidenciable, que añade al retraso cronológico **importantes dificultades específicas para la estructuración del lenguaje,** produciendo así conductas verbales **anómalas** (cuyo paradigma seria el agramatismo, o la construcción de enunciados complejos sin nexos y sin marcadores en los verbos) que traducen una **desviación** respecto a los procesos normales de adquisición. Esta desviación se debería al empleo de mecanismos generadores distintos de los normales ya que éstos se encontrarían perturbados, y que el niño necesita expresar determinados contenidos a los demás.

La permanencia de la ecolalia antes de contestar, la dificultad en manejar los pronombres personales más allá de los 4 años, la dificultad en repetir y en recordar enunciados largos, la heterogeneidad del léxico (donde coincide la presencia de palabras complejas y la ausencia de otras muy simples), son algunas de las otras características más llamativas del cuadro.

Va siempre acompañado de dificultades a nivel instrumental (sobre todo en la estructuración del espacio y del tiempo) y, con frecuencia, de trastornos de la conducta (hiperquinesia, labilidad de la atención...) por lo que ciertos autores lo incluyen dentro de síndromes mucho más globales (disfunción cerebral mínima, por ejemplo). Sin embargo, es difícil determinar si, por ejemplo, los trastornos de la conducta acompañan el desorden lingüístico o son consecuencias de las dificultades de comunicación. La etiología de la disfasia parece endógena, aunque no se haya podido aún determinar su naturaleza.

Son niños que necesitan de una reeducación logopédica que acelere su evolución espontánea excesivamente lenta poniendo en peligro su escolaridad y su integración social. El pronóstico, con reeducación temprana, es positivo, pero las secuelas, tanto en el lenguaje oral como en el lenguaje escrito, se extienden más allá del período preescolar.

Afasia infantil congénita

Es un síndrome relativamente poco frecuente y que se refiere al niño que no desarrolla el lenguaje oral o presenta una expresión limitada a unas cuantas palabras cuando ya ha pasado el período principal de adquisición (después de los 4 años), sin que dicha ausencia o casi ausencia se pueda explicar por razones auditivas (sordera), intelectuales (deficiencia mental profunda), motrices (parálisis cerebral), conductuales (autismo, psicosis precoz) o lesionales (afasia adquirida). También recibe el nombre de **audiomudez** (cuando existe comprensión verbal, aunque retrasada) y **sordera verbal** (cuando las dificultades de comprensión son casi tan importantes como las de expresión).

Este síndrome con gran frecuencia acompaña un cuadro de retraso intelectual que, sin embargo, no es tan importante como para explicar por sí solo la ausencia de lenguaje. De todos modos, va siempre acompañado de importantes alteraciones instrumentales y conductuales.

Su etiología parece claramente endógena, aunque tampoco se conozca su naturaleza exacta.

Hay casos en los que no se observan apenas progresos en la expresión verbal ni con los años ni con la reeducación, pero, en general, suelen evolucionar hacia un cuadro de disfasia y, a veces, alcanzar un nivel bastante aceptable de dominio lingüístico. Incluso en este caso su escolaridad necesita de un importante apoyo.

El papel del educador(a), en los casos de disfasias y afasias, es importante y debe enmarcarse dentro del plan de reeducación: en sus distintas fases de aprendizaje del lenguaje, podrá colaborar, aun en situaciones de clase, para que el niño pueda utilizar en el marco de la escuela las conductas verbales trabajadas en terapia.

Es importante allí situar las exigencias al nivel exacto de posibilidades del niño y aceptar cualquier tipo de ayuda comunicativa que necesite el niño (gestos, mímica...).

Afasia infantil adquirida

Es una pérdida total o parcial del lenguaje en niños menores de 10 años por culpa de una lesión cerebral adquirida (generalmente a consecuencia de un traumatismo craneal o enfermedades como la meningitis) que afecta áreas relacionadas con algún aspecto del lenguaje.

Gracias a la «plasticidad» del cerebro infantil, este trastorno presenta casi siempre un proceso rápido de recuperación espontánea post-lesional, sobre todo si la afasia ocurre antes de los 5 años; vuelven a aparecer progresivamente las distintas funciones lingüísticas en un espacio de tiempo comprendido entre 1 y 6 meses. Cuanto más mayor es el niño en el momento de la lesión, más lenta es la recuperación y más importantes pueden ser las secuelas.

Trastornos de la voz y del habla

Disfonía

Alteración de la voz, habitualmente ligada a un uso incorrecto de la misma (sea por hipotonía, sea por hipertonía), a una respiración insuficiente o mal coordinada con la fonación, la disfonía suele combinar factores anatómicos y factores funcionales difíciles de separar. Los aspectos ambientales, los modelos familiares, las enfermedades relacionadas con el aparato fonador también deben tenerse en cuenta. Se puede traducir en una voz ronca, grave, con altibajos en el tono, en la típica voz de falsete hipertónica o en una voz sorda, atonal, de escasa potencia. Otra variante de la disfonía es la rinofonía que puede ser cerrada (obstrucción del paso del aire en las cavidades nasales, lo que imprime un tono nasal a la voz) o abierta (insuficiente cierre del velo del paladar, lo que imprime el clásico tono «gangoso» a la voz del niño). La **rinofonía** abierta suele ser acompañada de rinolalia (pronunciación inadecuada de las fricativas con expulsión nasal en vez de oral y articulación hipotónica de las oclusivas).

El carácter permanente de estos síntomas exige una exploración foniátrica que deberá determinar si el niño necesita una intervención, sea médica, sea logopédica o ambas a la vez. En general, estos tratamientos (salvo cuando la causa es puramente mecánica) en el niño suelen ser bastante lentos, pero logran notables mejorías y frecuente desaparición total de los síntomas.

El papel del educador(a) aquí es fundamentalmente profiláctico: aconsejar a la familia, frente a síntomas permanentes que consulte al foniatra, dar un modelo de fonación (ritmo sosegado, intensidad moderada), evitar los gritos (sobre todo cuando los niños cantan), cuidar el ambiente acústico de la clase.

Dislalia

Se llama dislalia a un trastorno funcional permanente (incluso en repetición de fonemas aislados) de la emisión de un fonema sin que exista causa sensorial ni motriz a dicho fenómeno, en un sujeto mayor de 4 años (antes es normal que el niño tenga dificultades con los fonemas más complejos).

Desde una descripción externa de los síntomas, podríamos distinguir:

Dislalias por **omisión**: el niño omite el fonema; a veces se observa un alargamiento de la vocal anterior que marca la presencia de la consonante omitida.

Dislalias por **sustitución**: el niño sustituye el fonema por otro, generalmente por un fonema de adquisición precoz (p, t, m) o por un fonema perteneciente a la misma familia fonética (allí entran el ceceo, el seseo, la sustitución de /k/por /t/, de /z/ por /f/...).

Dislalias por **distorsión**: en lugar del fonema correcto, el niño produce un «ruido» que no pertenece al sistema fonético del idioma; en castellano las dos distorsiones más frecuentes son el rotacismo gutural (pronunciación de la /r/ «francesa») y el sigmatismo lateral (pronunciación de /s/z/ch/ o de uno de ellos con la lengua pegada al paladar y escape lateral del aire).

La etiología de estas perturbaciones no está tampoco muy clara y parece variar según el tipo de fonemas afectados. En general se aducen dos grupos de razones:

- La primera insiste en los aspectos perceptivos: el niño sigue con una percepción global del habla, tiene una mayor dificultad de la normal para analizar y contrastar los fonemas y diversificar su sistema fonético; sigue así con los errores típicos de los niños de 2/3 años, reforzándolos con el uso.

- La segunda insiste más en las dificultades psico-motrices para la coordinación de los movimientos finos y extremadamente rápidos que requiere la realización del habla; señalan que los niños dislálicos son capaces de reconocer sus errores en la pronunciación de los demás, pero no consiguen descubrir las posturas y movimientos adecuados.

La mayor parte de las dislalias se superan con el tiempo, pero algunas (principalmente las dislalias por distorsión y por sustitución) se pueden encontrar con relativa frecuencia en adultos.

Sin embargo, con reeducación, el pronóstico es totalmente positivo aunque ésta sea de duración variable según el número de dislalias que presente el sujeto, su complejidad y, sobre todo, el grado de colaboración del niño.

Inmadurez articulatoria

Mientras la dislalia es un trastorno fonético, la inmadurez articulatoria se refiere a dificultades fonológicas, es decir las que afectan a la pronunciación de palabras y frases a pesar de una correcta pronunciación de fonemas y sílabas aislados, después de los 4 años.

No es el fonema que plantea dificultades al niño, sino su ordenación y diferenciación dentro de las palabras.

De esta forma, la expresión espontánea de estos niños presenta:

- omisiones de fonemas o de sílabas enteras;
- confusiones y sustituciones de fonemas;
- duplicaciones de sílabas (/títate/ por /quítate/);
- inversiones silábicas (/tefélono/ por /teléfono/).

La inmadurez articulatoria puede presentarse aisladamente o acompañada de dislalias y con distintos niveles de gravedad según el número de perturbaciones fonológicas por enunciado: si éste es muy alto, hace que los mensajes del niño sean ininteligibles para las personas que no lo conocen.

Tanto en los casos de dislalias como de inmadurez articulatoria, no deben olvidarse las connotaciones afectivas que tiene el habla: en algunos casos, la persistencia de los trastornos del habla y su resistencia a la reeducación son debidas al valor simbólico que éstos tienen en procesos regresivos donde el niño (por ejemplo, en casos de celotipía hacia un hermano menor) quiere manifestar su deseo de seguir siendo pequeño y tratado como tal.

La inmadurez articulatoria suele desaparecer con el tiempo, ya que se trata fundamentalmente de un desfase cronológico. Sin embargo, su existencia supone cierta dificultad de análisis que podemos volver a encontrar en la escritura, sobre todo si los síntomas orales siguen existiendo durante el aprendizaje del lenguaje escrito.

Tanto la dislalia como la inmadurez articulatoria pueden tener repercusiones negativas en la personalidad del niño (sentimientos de inferioridad, inhibición comunicativa en público...).

Por esta razón y para evitar también influencias negativas en la escritura, se recomienda, pues, tratamiento logopédico para los síndromes que permanezcan después de los 5 años, pudiendo empezar la intervención antes si el nivel de inteligibilidad es muy bajo o si el niño sufre demasiado de sus dificultades expresivas.

El pronóstico evolutivo de la inmadurez articulatoria es siempre positivo.

Disartria

Es la perturbación de la pronunciación de un fonema por causa motriz: el niño no puede realizar correctamente el movimiento o postura requerida por el fonema, sea por una razón central (parálisis o paresia) o periférica (malformación ósea o muscular de los órganos articulatorios). Toda disartria debe ser vista por un médico foniatra que orientará su tratamiento cuyo pronóstico dependerá de la permanencia o no de la causa del trastorno. El educador deberá evitar que este defecto altere la integración social del niño.

Taquilalia o taquifemia

Es una forma precipitada y excesivamente rápida de hablar, en la cual se observan omisiones de fonemas y sílabas, sobre todo en fin de enunciación («se come las palabras»); a veces la falta de ritmo llega a una cierta descoordinación respiratoria que provoca en el taquilálico ligeros bloqueos y repeticiones, a veces confundidos con los síntomas de la tartamudez. La diferencia, sin embargo, entre ambos trastornos es muy grande: el taquilálico es poco consciente de su forma de hablar (el tartamudo lo es demasiado) y es perfectamente capaz de controlarse si se lo propone (le ocurre todo lo contrario al tartamudo que empeora cuando se esfuerza). Suele tener un buen nivel de desarrollo lingüístico y un comportamiento hiperquinético e impulsivo.

Tartamudez o disfemia

La tartamudez es una perturbación del habla y de la comunicación social (ocurre solamente cuando el sujeto habla con alguien) caracterizada por una descoordinación de los movimientos fono-articulatorios y la presencia de espasmos musculares en distintos puntos de la cadena productora del habla (diafragma, glotis, lengua, labios…). La intensidad de los síntomas, de distinta gravedad según los casos, **es siempre muy variable** dentro de un mismo sujeto, según el contenido del mensaje, el interlocutor, el contexto del intercambio, el estado anímico del sujeto, es decir según el grado de ansiedad con la que inicia el tartamudo su conversación.

Los síntomas suelen aparecer entre los 3 y los 4 años y van aumentando generalmente hasta la edad adulta con posibles períodos de remisión e, incluso, de desaparición. Es mucho más frecuente en niños que en niñas (en una proporción de 4 por 1). Existen indicios del carácter hereditario de la tartamudez pero no absolutos y, en general, están más ligados a la estructura de la personalidad que a los síntomas propiamente dichos.

Existen grandes discrepancias a la hora de explicar la etiología y los mecanismos de la tartamudez y las teorías acerca del trastorno pueden agruparse en dos corrientes:

- La primera insiste en la presencia de una dificultad funcional inicial, sea directa (debilidad del aparato de articulación, dificultad lenguo-especulativa) o indirecta (lateralización inadecuada, disfunción cerebral). A partir de esa dificultad funcional, el sujeto empieza a presentar estados psíquicos depresivos y a elaborar una construcción neurótica respecto al lenguaje.

- La segunda presenta la tartamudez directamente como un trastorno esencialmente afectivo y relacional que se centra en el lenguaje por su función simbólica.

Es probable, sin embargo, que no exista una explicación unívoca a todos los casos y que existan varios tipos de este trastorno.

A un nivel puramente sintomatológico, se distinguen **la tartamudez tónica** (bloqueos iniciales, fuertes espasmos) **la tartamudez clónica** (iteraciones de sílabas iniciales, espasmos leves pero repetidos) y **la tartamudez mixta** que combinaría ambos casos.

También se distingue si los síntomas del habla van acompañados de otras dificultades de lenguaje (tartamudez hipofásica), de alteraciones psico-motoras (tartamudez hiperquinética) o de otras manifestaciones conductuales, como la enuresis, la depresión...

La tartamudez en el niño deficiente mental (concretamente se observa con cierta frecuencia en niños con síndrome de Down) parece constituir un caso aparte y no ofrece tanta variabilidad en la intensidad de los síntomas.

Cualquier tartamudez necesita de un tratamiento, cuanto más precoz mejor, pero conviene no confundir este trastorno con un fenómeno mal llamado «tartamudez evolutiva» que se refiere a las pausas, repeticiones de sílabas y palabras típicas de ciertos niños de 3/4 años que no encuentran sus palabras con la suficiente rapidez. Es la ausencia de bloqueos musculares la que nos permite diferenciarlo de la tartamudez, además de otras características de comportamiento.

En terapia, se obtienen con frecuencia buenos resultados, sobre todo en niños; casi siempre se consigue por lo menos una mejoría del habla, pero también es verdad que es un trastorno cuya reeducación presenta numerosos fracasos.

Trastornos del lenguaje y la comunicación no específicos

Los trastornos afectivos en el niño pueden perturbar la comunicación o/y el lenguaje por vía directa, siendo un trastorno de la relación con el otro, o indirecta, siendo el lenguaje el objeto simbólico donde el niño proyecta su problema, y la elección del lenguaje como objeto conflictivo.

Las formas más frecuentes, aparte de la tartamudez que hemos tratado separadamente, son el mutismo, el laconismo y el lenguaje regresivo. Estos trastornos afectivos pueden ser debidos a:

— frustraciones precoces;
— alteraciones de las primeras relaciones;
— regresiones;
— traumas psíquicos;
— estructuración de tipo autística.

El mutismo se integra generalmente en un cuadro de fobia, y en la escuela se presentan con cierta frecuencia cuadros de «fobia escolar», acompañada de mutismo selectivo, es decir, que el niño, en el colegio no habla nada o casi nada, a pesar de que los padres digan que el niño habla muy bien en casa.

Se sabe que el papel económico de la fobia es de desplazar la angustia sobre un objeto exterior, en este caso, el medio escolar. Generalmente, es un cuadro que desaparece poco a poco si la maestra se interesa por el niño sin forzarlo.

En estos casos, es muy interesante para la maestra conocer mejor el ambiente familiar que rodea al niño; hablando con los padres se puede uno enterar de ciertos hechos que permiten explicar el comportamiento del niño: raramente ocurrirá en la primera entrevista, porque los padres también tienen tendencia a filtrar la realidad.

Por otra parte, es cierto que, incluso cuando se trata de un trastorno puramente orgánico o funcional sin participación etiológica de un problema psíquico, rápidamente se van organizando alrededor del trastorno construcciones psicológicas más o menos adaptadas (desde la sublimación hasta el complejo de inferioridad), pero generalmente generadores de angustia, sentimiento de culpabilidad o de inferioridad que pueden llegar a la neurosis.

Los maestros tienen que pensar siempre en ello, favoreciendo la integración del niño y su valorización personal.

Conducta de la maestra (del maestro) frente a los niños con trastornos de lenguaje

El trabajo de la maestra/(el maestro) de preescolar no incluye, por falta de tiempo y de preparación especializada, la reeducación de los trastornos del lenguaje, sino proporcionar a los niños en general las situaciones y los elementos que les permitan construir normalmente su lenguaje.

Sin embargo, son, con los padres, las personas que más tratan estos niños y los que sin duda prestan más atención a sus capacidades expresivas.

El niño con trastornos de lenguaje que puede seguir una enseñanza normal necesita, ante todo e incluso antes de la reeducación, una actitud positiva de su maestra(o).

Es dentro de esta perspectiva donde hemos incluido algunas directrices orientativas:

El niño no habla nada o muy poco y presenta un comportamiento de inadaptación:

Inhibición general, rechazo de cualquier actividad, llantos que perduran a los dos meses del ingreso, pasividad…

Tenemos primero que hablar con la madre para determinar si es un fenómeno producido por el colegio o si tampoco habla en casa.

Después de habernos asegurado de que el niño oye bien, y antes de empezar técnicas de recuperación, si es necesario, vamos a intentar establecer una comunicación con el niño por todos los medios posibles, con o sin lenguaje.

Si acepta el lenguaje, podemos hablarle individualmente con cierta frecuencia, pero sin ninguna actitud que implique la exigencia de una respuesta, ni siquiera de una atención especial. Progresivamente le presentaremos actividades y materiales, sin exigirle nada tampoco. Lo que tenemos que conseguir es un momento en el que el niño reaccione por un gesto, un sonido, por pequeña que sea la reacción.

Cuidado entonces con los gritos de alegría (¡ya ves, ahora lo has hecho bien!…) que le van a hacer retroceder. Pero durante los días siguientes necesitará una atención individual más importante para aprovechar este interés. Una vez conseguido este despertar, lo más importante está hecho, pero el camino hacia una integración satisfactoria será aún muy largo, con frecuentes regresiones.

Si el niño sigue obsesionado por su mamá, su casa, sus hermanos, no se trata de distraerle, sino de apoyarse en esto para hacerle evolucionar; hablando y jugando con estos temas conseguirá un cierto distanciamiento.

Recordemos que siempre hay que partir del niño y no imponerle un modo de conducta que nosotros consideramos como ideal.

La relación con un compañero(a) tranquilo y protector puede servir como primera relación y podemos intentar favorecerla.

El niño habla mucho pero no se le entiende nada (inmadurez articulatoria)

Este caso ocurre con mucha frecuencia entre dos y tres años, y a veces hasta los cinco.

A corta edad no es necesariamente patológico: es la madurez articulatoria que no se desarrolla al mismo ritmo que las demás funciones del lenguaje.

Lo importante es que esto no provoque una inhibición de lo que es fundamental: la comunicación.

Por ello será preciso esconder nuestra incomprensión: es posible generalmente adivinar el contenido global del mensaje por el contexto, la mímica, los gestos.

Se le puede incluso hacer repetir, fingiendo la distracción: «Perdona, pero no te he oído...».

Si a pesar de esto resulta imposible entenderle, tendremos que jugar el papel de la comprensión lo mejor posible.

Una entrevista con la madre nos permitirá informarnos de los modales específicos del lenguaje de este niño, de su vocabulario particular que su familia entiende y al cual tendremos que adaptarnos.

Se beneficiará mucho de los ejercicios fonéticos descritos en la segunda parte.

El niño habla bastante bien pero comete incorrecciones

Las incorrecciones no deben ser corregidas pero sí subrayadas sin interrumpir la comunicación del niño. Bastará con repetir correctamente la fórmula después de que haya terminado. Tenemos que presentar un modelo, no la sanción de una falta.

Es imprescindible a veces limitar nuestras intervenciones a lo más importante, generalmente el mal uso de un vocabulario o de unas reglas morfo-sintácticas.

No olvidemos que ciertas «creaciones» originales constituyen ajustes progresivos a la formulación correcta y que son un paso necesario.

Toñín (tres años): «Te voy a pistolar».

El niño presenta dislalia

En grupo, no se debe llamar la atención del niño sobre su trastorno ni hacerle repetir las palabras mal pronunciadas: se debe intentar también controlar las posibles reacciones negativas de los demás niños.

En momentos individuales, se puede intentar ayudarle: si no se consiguen resultados casi inmediatos, es mejor orientarle hacia una reeducación especializada (después de los cinco años) y seguir las orientaciones del terapeuta.

En caso de tartamudez

Tenemos que recordar que el niño es incapaz de deshacerse de su trastorno por un simple acto de voluntad, al contrario, y que es contraproducente interrumpir, corregir, hacer repetir y anticipar lo que nos va a decir un tartamudo.

Tampoco hay que alabar a un tartamudo cuando habla normalmente: es recordarle su trastorno y acababa de haber conseguido olvidarlo. Nuestra tarea consiste en formar a su alrededor un clima de confianza y de comprensión permisiva.

Es importante evitar que se produzca o se agrave un sentimiento de inferioridad frente al grupo y habrá que eliminar, por lo menos al principio, situaciones demasiado difíciles (recitar, contestar... delante del grupo), sin darle con esto la impresión de apartarle.

Muchos ejercicios de psicomotricidad y dinámica le serán muy provechosos, así como el canto.

Es importante que el tartamudo vea frente a sí una persona relajada que está pendiente de lo que está diciendo y no de cómo lo dice, que acepta mensajes incompletos, gestos de sustitución cuando no sale la palabra, una persona que lo acepte como es.

El educador(a) intentará transmitir esa orientación a la familia, muchas veces excesivamente centrada en los síntomas del niño.

En caso de taquilalia

Al contrario del caso de tartamudez, se debe progresivamente centrar la atención del niño sobre la realización fonética y estética de su lenguaje, cuidando sin embargo de no cortar por eso las características de fácil comunicación y riqueza de contenido de estos niños.

Hay que saber exigirle y darle conciencia de la dificultad que tenemos en entenderle sin recurrir a actitudes negativas.

Es bueno mandarle a recados en el colegio, hacerle hablar en público, recitar, actuar en dramatización...

Sacará provecho también de los ejercicios de psicomotricidad que tienen como objetivo el control de la impulsividad y la relajación.

No se consigue habitualmente modificar básicamente el habla espontánea de un taquilálico, pero se le puede dotar de una buena capacidad de control que le permita afrontar sin problemas las situaciones en las que su forma de hablar le puede perjudicar.

En los casos de retraso de lenguaje

Sabiendo que todos los niños no desarrollan su lenguaje según un mismo ritmo, tenemos, sin embargo, que estar muy atentos a los retrasos más importantes (generalmente acompañados de dislalias), de los cuales algunos desaparecerán sin más ayuda, pero otros no lo conseguirán o lo conseguirán muy tarde, provocando así retrasos escolares, dificultades para un aprendizaje normal de la lectura, problemas emocionales...

La ayuda del educador(a) se centrará sobre todo en proporcionar el mayor número posible de **situaciones de diálogo** al niño, sea con el adulto, sea con un grupo reducido de niños, insistiendo en que la familia haga lo mismo en casa. No se debe preocupar demasiado por el contenido o el tipo de palabras que debe emplear con el niño. Lo importante es que el niño pueda iniciar la conversación, hacer preguntas… y disponer de un interlocutor abierto a seguir sus intereses y a brindarle, a través de sus respuestas, modelos ricos y correctos.

La situación óptima (pero hay varias) es la de **atención conjunta:** mirar y comentar libros con imágenes, juegos didácticos, juegos de simulación de la vida cotidiana con muñecos y cacharros. También son muy recomendables el aprendizaje lúdico de canciones, retahílas…

El pronóstico evolutivo es globalmente positivo: gran parte de los retrasos ligeros son pasajeros y se recuperan espontáneamente con el ingreso del niño en la escuela. Los retrasos más importantes responden bien al tratamiento logopédico.

Durante las actividades colectivas, se procurará incitar su participación, situarlo en sitios privilegiados, protegerlo de la «invasión» de los niños más habladores y controlar periódicamente su comprensión de nuestras explicaciones.

Recordemos que, si no presentan alteraciones importantes de la conducta social, son niños que pasan fácilmente desapercibidos: podemos dejar pasar meses y años de especial importancia para su evolución si no nos preocupamos de aquellos niños tranquilos, tímidos, que no llaman la atención.

SEGUNDA PARTE

LAS ACTIVIDADES DE LENGUAJE EN PREESCOLAR

INTRODUCCIÓN A LOS PROBLEMAS TEÓRICOS

La pedagogía del lenguaje oral en la escuela plantea una problemática básica que deriva del hecho siguiente: si el aprendizaje natural, como lo hemos visto en las páginas anteriores, se realiza a través de la interacción entre **dos** personas (el adulto y el niño), el marco de la escuela define necesariamente las relaciones entre un adulto y un **grupo** de niños, de características y niveles dispares.

Esto va a traer múltiples consecuencias, entre otras:

- Dificultad de realizar ese ajuste individual a nivel del niño que caracteriza la interacción dual.

- Necesidad de introducir normas y sistemas de funcionamiento colectivo.

- Rigidez del contexto material: es la misma clase, el mismo adulto, los mismos compañeros durante todo el curso.

- Situación de relaciones múltiples y complejas entre el niño y el adulto, debido a la presencia de otros niños en la comunicación, con los consiguientes problemas de competitividad, inhibición...

El lenguaje utilizado en clase, tanto por las maestras como por sus alumnos, ha constituido el objeto de numerosos estudios e investigaciones (para citar algunas de los últimos 15 años: Marchand, 1971; Bastoul, 1974; Lentin, 1976; Stubbs y Delamont, 1976; Wilkinson, 1982; Florin y otros 1985).

En su casi totalidad, coinciden en dudar de la validez de los ejercicios colectivos de lenguaje que realizan las maestras dentro de la programación destinada a mejorar el lenguaje oral de sus alumnos: sin negar que estos momentos puedan tener un valor afectivo importante (acercamiento de los niños a la maestra que les presta atención) y constituir algún tipo de entrenamiento a la comunicación en grupo, estos autores piensan que tienen muy poca influencia sobre el desarrollo de las posibilidades lingüísticas de los niños.

En general, el maestro o maestra habla demasiado y el niño demasiado poco; suelen ser casi siempre los mismos niños que intervienen y a los que se dirige preferentemente el adulto (son aquellos que, de hecho, ya disfrutan de los mejores niveles de lenguaje); casi siempre, se presta más atención a la corrección de la forma de los enunciados que a su contenido.

Los que proponen algún tipo de solución insisten en que hay que insistir más en el diálogo individual con cada niño.

Dice Lentin: «…hay que saber que la aportación más real, más profunda, más eficaz y también más controlable —para no decir la única controlable— saldrá del entrenamiento basado en una situación no preparada, no prevista, fortuita, a partir de una situación de verdadero diálogo entre el adulto y el niño, entre UN adulto y UN niño».

Y Wilkinson también aconseja hablar un poco cada día con cada niño. Vamos a intentar situar nuestra posición respecto a ese debate.

En primer lugar, tanto para los que diseñamos programas y actividades de lenguaje como para los que los analizan, habría que definir bien lo que se entiende por «eficacia» y, si no, utilizar ese término con mucha prudencia. Para afirmar que tal o cual actividad es o no es eficaz, hay que verificarlo experimentalmente. Sin embargo, suponemos que debido a la tremenda complejidad del control de los numerosos parámetros, no se ha hecho hasta ahora.

Debemos recordar, pues, que la discusión se refiere y se limita a la **observación** de ciertos hechos y a la **consistencia metodológica** de las distintas actividades, a partir de una **opción teórica** sobre la adquisición y desarrollo del lenguaje.

En segundo lugar, parece evidente que la situación de diálogo individual es la que proporciona la información más rica y los modelos más ajustados a cada niño, pero también lo es que, para surtir algún efecto, debe alcanzar una determinada frecuencia: aun limitando el número de niños por aula a 20 (lo que está muy lejos de la realidad), si se tiene en cuenta el horario disponible de la maestra (quitando únicamente los momentos rutinarios de entradas, salidas, organización material…) y partiendo de la idea de dedicarlo a hablar personalmente con cada niño, se obtiene un tiempo máximo de ¡10 minutos! para cada alumno, por día.

¿Pero es ésa realmente la función de la escuela?

En nuestra opinión, existe allí una confusión inicial de planteamiento.

La escuela, como lugar de encuentro colectivo de los niños entre sí y con un solo adulto, no puede **sustituir** ni **imitar** el papel del entorno familiar. Si éste falla, no es el aula ni el maestro ordinario quienes van a poder suplirlo: se necesitará entonces otro enfoque, mucho más individualizado e intensivo.

En ese abordaje individual de educación compensatoria o de reeducación, el modelo interaccionista familiar constituye el modelo de referencia. En las actividades **necesariamente** colectivas o semicolectivas (pequeños grupos) de la escuela, ese modelo puede marcar pautas evolutivas, pero no los mecanismos de funcionamiento ni las situaciones de aprendizaje.

Es preciso definir **objetivos y técnicas específicamente diseñados** para el trabajo colectivo, aceptando sus necesarias limitaciones en campos y fines que no pertenecen al ámbito de la escuela.

Hemos agrupado estos objetivos en 4 principales.

Objetivo 1: Potenciar al aprendizaje

Favorecer el desarrollo de la adquisición del lenguaje oral en su medio natural, a través del entrenamiento de determinados aspectos tanto en lo que se refiere al nivel fonético y fonológico como a los niveles semánticos, morfo-sintácticos y pragmáticos.

No se pretende reproducir en el aula las situaciones naturales de aprendizaje, sino **mejorar ciertas capacidades** que permitan a cada niño aprovechar más eficazmente las interacciones espontáneas con sus compañeros, con su maestra (de vez en cuando), con otros adultos y, fundamentalmente, con sus padres y familiares.

Se utilizarán actividades dirigidas, programadas de forma progresiva e integradas puntualmente en las actividades generales del aula.

Objetivo 2: Un lenguaje para la escuela

La escuela y las personas que van a vivir en ella, utilizan un cierto lenguaje en una cierta situación, bien diferente de la situación comunicativa de casa en muchos aspectos. En general, se va a tratar de un lenguaje más «culto», más estructurado a nivel sintáctico (aunque menos variado léxicamente) que el lenguaje de la casa, será un lenguaje fácilmente orientado hacia las actividades metalingüísticas (lenguaje sobre el lenguaje), con una gran abundancia de discursos explicativos y teóricos, a veces más «libresco» que el lenguaje diario y representativo generalmente del lenguaje de las clases sociales más desarrolladas a nivel cultural.

Las diferencias individuales se van a hacer notar muy rápidamente.

El niño de buen nivel cultural vive generalmente inmerso dentro de un ambiente de lenguaje **valorizado**: su expresión es estimulada, recogida, orientada.

Acostumbrado a jugar con las palabras, a sacar un placer de la conversación, puede traducir en frases sus experiencias e ideas. Así conecta directamente con la maestra, a quien entiende y que lo entiende a él, ya que habla generalmente el lenguaje de ese nivel cultural. Al contrario, en un medio socialmente más bajo, el niño adquiere de la vida una experiencia más directa y más enfocada sobre unas necesidades vitales inmediatas.

La necesidad de actuar se impone generalmente sobre la necesidad de decir. Su expresión es más limitada y refleja mal la posible riqueza de sus ideas.

Entiende mal el lenguaje de la escuela y corre el peligro de una inadaptación provocada menos por la incomprensión de los hechos que por la incomprensión de la «traducción» de estos hechos en el lenguaje de la maestra.

La escuela debería, pues, abandonar esa concepción que consiste en enseñar, añadir, acumular sobre la base de un mínimo supuestamente común.

La vertiente individual y la vertiente social se unen así en un solo esfuerzo, magistralmente descrito por Anne McKenna: «el hecho de que el niño pueda instalarse en el lenguaje con una facilidad aparentemente tan grande puede equivocarnos. ¿Por qué, si la inmensa mayoría de los niños aprenden de todos modos a hablar, se va a molestar la maestra en estudiar el proceso de adquisición del lenguaje y en construir estrategias para su enriquecimiento? Si bien es verdad que cualquier niño normal puede dotarse naturalmente y sin esfuerzo de cualquier tipo de código lingüístico, **el tipo que adquirirá dependerá, en primer lugar, de su ambiente** lingüístico en el momento de su adquisición.

… conseguir una elegancia y una precisión que harán de su lenguaje, no solamente un instrumento de éxito escolar y, más tarde, profesional, sino también la llave que abre todas las puertas de la ciencia y la cultura»[21].

Pero también, el lenguaje de la escuela es un lenguaje que se emplea en grupo y hablar en grupo se aprende: se aprende a saber escuchar sin perder la atención, a resistir la frustración de tener que esperar su turno, a tener en cuenta la información de los demás y los datos del contexto peculiar del aula…, etc.

Esa **competencia a comunicarse en clase**, como afirma Wilkinson, no es sólo un medio para alcanzar otros objetivos pedagógicos, sino que debe constituir un objetivo pedagógico por sí mismo.

La escuela debe entender que su función es la de entrenar el lenguaje **dentro y para su propio contexto:** ya que se hace tanto hincapié ahora en la pragmática, sería hora de considerar la escuela como un contexto lingüístico determinado y diseñar las actividades de aprendizaje en función de dicho contexto, recordando que no está sola para

---

21. Anne Mac Kenna: «Le rôle de l'adulte dans le langage de l'enfant». **Enfanee**, enero, 1978.

ayudar al niño a adquirir su lenguaje y evitando dedicar todo el tiempo en intentar reproducir una situación (la interacción madre-niño) que sólo se podrá conseguir en contados y escasísimos momentos.

Objetivo 3: Prevención

Prevenir la aparición y el desarrollo de los trastornos del lenguaje infantil.

La preparación de los educadores de preescolar y primera etapa de Primaria debería permitirles cumplir la función de **despistaje** precoz y **orientación** familiar en relación con las dificultades, pequeñas o grandes, que encuentran algunos niños en la adquisición del lenguaje oral. Muchas veces, los padres carecen de la información necesaria o evitan enfrentarse con el problema; los médicos no ven a los niños más que algunos minutos y en una situación tan especial que difícilmente pueden juzgar el nivel lingüístico de un niño. Una maestra debería tener esa información técnica que, junto con su contacto diario con el niño, le permitiría jugar un papel fundamental en la prevención de los trastornos del lenguaje y en la participación a su proceso de recuperación, en colaboración con el especialista.

Objetivo 4: Preparación al lenguaje escrito

Al final del preescolar, los niños van a empezar el aprendizaje del lenguaje escrito.

El lenguaje escrito, evidentemente, es la traducción gráfica del lenguaje oral: en ese sentido se deberán realizar una serie de actividades preparatorias **sobre** ciertas características del lenguaje oral (como la consciencia silábica y fonética, la consciencia de la presencia de palabras en las oraciones…).

Pero el lenguaje escrito es también el vehículo de una cultura específica, con sus reglas de producción específicas, su sintaxis más elaborada, su léxico más amplio; se refiere a hechos pasados o futuros o imaginarios, no a lo que está pasando ahora…

Todo esto deberá prepararse si queremos evitar que los niños aprendan a deletrear pero no a leer, porque se encuentran de pronto con un contenido extraño que no llegan a entender.

* * *

Para hacer entender quizá mejor cómo vamos a utilizar el lenguaje oral en nuestras clases, podríamos utilizar la imagen de un juguete que se regala a un niño.

Con ese juguete que le han traído los Reyes Magos, el niño puede hacer dos cosas, ambas interesantes: puede jugar con él en el sentido que ha sido diseñado por el fabricante, pero también puede desmontarlo, destriparlo.

El niño aprenderá del **uso** del juguete pero también de su **exploración** al observar sus piezas, lo que lleva dentro…, aunque evidentemente su entorno familiar reaccione de manera bastante distinta según «se use» o «se explore» el juguete.

Podemos en clase programar situaciones para **utilizar** el lenguaje como elemento básico de comunicación y representación, pero el lenguaje también puede ser **objeto** de exploración, manipulación, «desmontaje»… y las actividades que propondremos a continuación irán situándose a lo largo de un eje cuyos extremos serán el uso y la observación manipulativa.

* * *

En cualquier tipo de aprendizaje, es importante disociar lo que constituye los objetivos, los medios y la **evaluación.**

La escuela suele caer en la confusión entre evaluar los objetivos (mejoría de la capacidad del alumno) y evaluar los medios (éxito del niño en la realización de los distintos ejercicios), limitándose generalmente a esto último. Lo que debe apreciar el educador es el **progreso** respecto a los objetivos planteados y los niveles iniciales más que el resultado concreto en tal o cual ejercicio.

La evaluación de estos ejercicios consistirá en intentar, año tras año, comparativamente, analizar su influencia sobre los niveles evolutivos de los niños y no convertirse en una forma de clasificación de los alumnos.

* * *

Al ser éste un libro dedicado a la pedagogía del lenguaje oral, vamos evidentemente a centrarnos en esa función: esto no significa, sin embargo, que se deba reservar un «horario» especial a las actividades de lenguaje. Estamos totalmente a favor de una perspectiva «globalizadora» del trabajo en preescolar, donde los distintos objetivos se funden en juegos y actividades en torno a un tema común.

Piaget dijo: «…a todos los niveles, la acción supone siempre un interés que la desencadena, ya se trate de una necesidad psicológica, afectiva o intelectual».

Suscitar el **interés,** tanto hacia lo que hace o dice la maestra como hacia lo que están haciendo ellos mismos, no es ciertamente una tarea fácil con un grupo de niños porque existen tantas diferencias de nivel mental de capacidad de atención, de gustos…, pero es y será siempre una condición indispensable a un buen aprendizaje: un(a) maestro(a) experimentado(a) sabe el valor de la propia voz, el valor de un pequeño objeto extraño traído a la escuela, de un pequeño dibujo en la pizarra… para conseguir ese momento casi milagroso en que se hace el silencio y veinte o treinta pares de ojos observan «eso» que es tan interesante.

Para ello hace falta naturalmente que el propio educador tenga interés. interés para su profesión, su trabajo y sus alumnos, lo que les puede aportar y lo que ellos le aportarán.

EL LENGUAJE EN EL AULA: LA CONVERSACIÓN

«El desarrollo de los procesos mentales comienza con un diálogo de palabras y gestos entre el niño y los padres. El pensamiento autónomo empieza cuando el niño es capaz por primera vez de interiorizar estas conversaciones y ordenarlas dentro de sí» Vigostsky.

El lenguaje tiene una presencia constante a lo largo del día: a veces constituye el objeto mismo de la actividad, en otros momentos es el instrumento comunicativo esencial que se utiliza para regular, dirigir, comentar… otras tareas y juegos.

En un interesante estudio sobre el lenguaje en preescolar, Florin y otros (1985) describen tres situaciones básicas de uso del lenguaje oral, tal como suelen darse en unas aulas de preescolar:

- Sesión «de lenguaje»: la maestra, en general a partir de un estímulo determinado, frecuentemente gráfico (lámina, dibujos, fotos, libro de imágenes…), se dirige colectivamente al grupo de niños con la intención de estimular su lenguaje oral. En esas sesiones, se observa que la maestra proporciona mucha información, hablando bastante más que los niños; solicita su participación utilizando preguntas, pero éstas van dirigidas al grupo entero y, con frecuencia, son preguntas cerradas a las cuales se puede contestar con una o dos palabras. **Es evidente que la maestra conoce cuál es la respuesta a esas preguntas, lo que supone que el niño se encuentra en la situación de acertar o no, pero no espera aportar ninguna información nueva.**
Muchas veces, ciertas respuestas correctas de los niños no son aceptadas por la maestra porque no corresponden a lo que estaba esperando.

- El lenguaje en los talleres: se refiere a las interacciones que se producen cuando los niños, en pequeños grupos, están realizando ciertas tareas manipulativas: dibujar, modelar, jugar con bloques de madera, ordenar el rincón de los animales…

Cuando es la maestra la que toma la iniciativa de hablar, suele emplear consignas, órdenes para dirigir la acción de los niños y éstos responden más con su propia actividad que con lenguaje. Puede suponer para ellos un ejercicio de **comprensión** y adaptación a las estructuras lexicales y sintácticas del lenguaje adulto. A veces toman ellos la iniciativa para llamar la atención de la maestra, recibiendo a cambio normalmente palabras de aliento y felicitación que suelen terminar la interacción.

- Las sesiones conversacionales: se trata de la situación en que la maestra, reuniendo el grupo de niños, dirige una conversación sobre las experiencias propias de los niños. Es la situación en la que la maestra habla menos y los niños hablan más. La maestra anima la conversación con muchas preguntas, pero éstas son individuales, parten de lo que acaba de escuchar y constituyen realmente una **petición de información** (no sabe lo que va a contestar el niño).
  Las sesiones conversacionales registran la mayor variedad lexical y la mayor complejidad sintáctica en los enunciados infantiles, sobre todo cuando la maestra no cede a la tentación de desviar la situación hacia una «sesión de lenguaje», ocupando otra vez el protagonismo principal.
  Es la situación donde se observa el mayor número de «feed-back correctivos», o sea, de momentos en los que la maestra, en su respuesta o su nueva pregunta, recoge parte del enunciado infantil anterior, ampliándolo o cambiándolo de alguna manera.

Un primer dato respecto al lenguaje de las maestras es que varía muy poco en cuanto a su complejidad a lo largo de los años: la maestra de los niños de 5 años utiliza un lenguaje de nivel bastante similar al que utiliza la maestra de los niños de 2-3 años, en lo que se refiere a complejidad formal. Posiblemente, se debe a la ausencia de interacción verdadera: las maestras proyectan aproximadamente una hipótesis del nivel requerido en un aula de preescolar, hablan de forma sencilla, expresiva, lenta, pero sólo producen adaptaciones significativas en los intercambios individuales.

El segundo dato, preocupante desde luego, es que un 30 por 100 más o menos de los niños no participan **nunca** en ninguna de las situaciones, sin que se observe en las maestras intentos claros de integrarlos en las actividades colectivas. Es otra vez el círculo vicioso señalado en las primeras páginas de este libro: hay niños que reciben muchos feed-backs porque hablan mucho y hablan mucho porque reciben muchos feed-backs. Lo peor es que lo contrario es también cierto.

En este primer capítulo, vamos a hablar sobre todo de estas sesiones conversacionales, dejando las «sesiones de lenguaje» para el capítulo dedicado al desarrollo semántico («jugar con palabras»).

No podemos realmente diseñar aquí normas muy concretas para la realización de estas sesiones, ya que su principal cualidad consistirá en la espontaneidad y flexibilidad de su desarrollo.

Sin embargo, hemos reunido una serie de consejos que pueden ayudar al principio a iniciar estas situaciones.

- **Cómo colocar a los niños:** Lentin (1973) analizó en una publicación las distintas formas de colocar los niños en el aula, con sus ventajas y sus inconvenientes.

Para una sesión conversacional colectiva, nos parece que las dos colocaciones más favorables son las siguientes:

a) Cuando la sesión se realiza alrededor de un sujeto de observación:

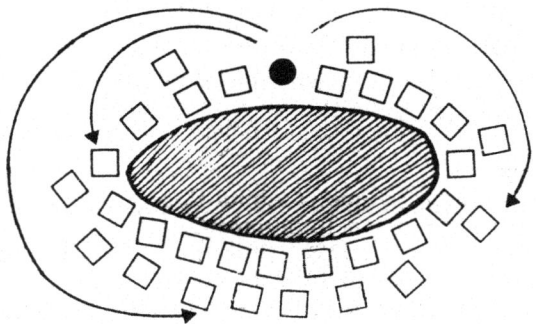

Todos los niños pueden observar y escuchar al mismo tiempo; la maestra, desplazándose, puede hablar individualmente y parece estar a la disposición de todos.

b) Cuando la sesión se realiza sin sujeto de observación: los niños están sentados en el suelo, en la postura más cómoda para cada uno; la maestra está sentada también en el suelo o en una silla baja, intentará colocar cerca de ella los niños más inhibidos a la hora de participar y los niños con atención más dispersa y colocará más o menos estratégicamente, separándolos, los niños con mayor nivel de participación para que constituyan núcleos activos repartidos entre el grupo.

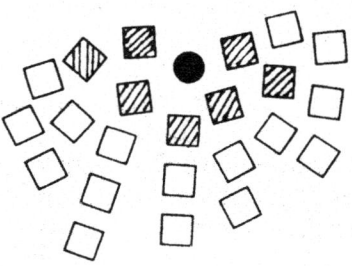

- **No hablar demasiado:** Las sesiones conversacionales tienen por objetivo permitir a los niños expresarse y acostumbrarlos a hacerlo en grupo. Las intervenciones de la maestra deberían limitarse a realizar preguntas abiertas, recogiendo lo que acaba de decir el último para estimular la conversación, reprimiendo su inclinación natural (deformación profesional) a introducir información adulta, y a dirigir y ordenar las intervenciones de cada uno.

Debe aprender a dejar rodar la conversación en la dirección que desean los niños, a aceptar (sobre todo con los más pequeños) momentos de confusión y de cacofonía para, justo después, con una pregunta o una sugerencia, volver a centrar la atención conjunta y permitir la entrada a una nueva intervención.

El respeto a las reglas participativas en un grupo no se aprende en un día, sino a través de la repetición de situaciones diarias cada vez mejor auto-controladas. Algunos días pueden dar la impresión de desorden e inutilidad. Aunque sea cierto (que probablemente no lo es) constituyen un peldaño en el proceso de aprendizaje.

Pero para que una sesión de este tipo se desarrolle como tal, hace falta que lo que pretende la maestra sea compatible con las competencias y las motivaciones de los niños de su aula: es necesario pues que sepa escuchar y adaptarse. En otros momentos, su aportación podrá ser más directa: aquí su papel es fundamentalmente de animadora.

- **Los niños deben sentir que el adulto tiene verdadero deseo de comunicarse con ellos:** de allí la importancia de las preguntas abiertas cuyas respuestas no sean conocidas por la maestra («¿por qué me preguntas cuántas patas tiene un perro si lo sabes?», podrían contestar muchos niños en la escuela), de hacer series sucesivas de preguntas que permitan al niño precisar mejor lo que quiere decir, de hacer participar a todos de las respuestas de tal o cual niño que, a lo mejor, lo ha dicho en voz muy baja y muy cerca de la maestra porque no está seguro de si lo que dice está bien.

- **El adulto está allí para ayudar a que se expresen:** Muchas veces, los niños hacen preguntas a las cuales pueden ellos mismos contestar aproximadamente si se les ayuda.

Ejemplo típico de una sesión de observación: la jaula del hamster.

Niño: «y esto ¿qué es?».
Maestra: «A ti, ¿qué te parece que es?».
Niño: «No sé, un tubo».
Maestra: «¿y qué hay dentro?».
Niño: «Parece agua».
Otro niño: «Si es agua, no tiene color».
Maestra: (a un tercer niño): «¿Para qué servirá esto?».
Tercer niño: «Para beber».
Cuarto niño: «No, para lavarse».
Maestra: «Qué os parece, esto es para que beba el hamster o para que se lave?».
Niño: «es para beber, porque sólo sale poco, bueno, sale a gotas». Los adultos utilizamos evidentemente mucho el recurso de las preguntas para hacer hablar a los niños, pero es un recurso que tiene también sus limitaciones.

A veces las preguntas no son la mejor forma de propiciar una expresión más rica y estructurada por parte de los niños, porque favorecen más bien respuestas cortas, de oraciones parciales.

Con frecuencia conviene proferirles expresiones menos directas, más desdibujadas como: «Me parece que...», «pienso que...», «no entiendo bien lo que quieres decir...», «oye, no me acuerdo si...», porque llevan a los niños a formular enunciados mucho más complejos y abiertos que las preguntas directas.

Hay que partir de la propia expresión espontánea del niño, huir de los modelos fijos que deben repetir al pie de la letra; nuestras respuestas o incitaciones, en situaciones conversacionales, deben proponer a los niños esquemas sintácticos a partir de los cuales ellos pueden producir un número ilimitado de enunciados.

- **El lenguaje debe integrarse en la experiencia directa, en la acción para separarse progresivamente de ella.**

  Si consideramos la evolución de las sesiones conversacionales entre 2 y 5 años, entre otras muchas cosas que cambian, está el grado de apego con el «aquí y ahora».

  En ese sentido, recomendamos que, para los pequeños, las sesiones conversacionales sean sobre todo sesiones con un sujeto de observación y, siempre que sea posible, que ese sujeto sea manipulable, que pueda ser tocado y experimentado por los niños.

  Poco a poco, se pasará a las sesiones conversacionales sin sujeto de observación que suponen un mayor grado de abstracción, pero también una mayor capacidad de atención.

  Un paso intermedio puede ser la dinámica propuesta en la obra muy interesante de Hohman y otros (1984) y que se articula en tres momentos: **planear, trabajar y recordar.**

  Es muy útil organizarse de tal forma que, antes de emprender cualquier actividad, exista un momento en que colectivamente y con ayuda de la maestra, se verbalice el conjunto de acciones que se pretende realizar y que, después de esta actividad, el grupo se vuelva a reunir para recordar verbalmente y comentar lo ocurrido durante el trabajo.

  Esto permitiría progresivamente a los niños desarrollar una capacidad de representación, tanto cognitiva como verbal, a través de una situación de comunicación, efectuando así una síntesis lingüística especialmente interesante.

- **Hacer que todos hablen:** Todos sabemos que no es tarea fácil y que siempre existirán diferencias notables entre los propios niños, pero, en la medida de lo posible, debemos prestar atención a corregir esta situación. Recordemos que los niños con mayor capacidad no nos necesitan o no nos necesitan tanto.

No existe una solución milagro para este problema, pero sí algunas recomendaciones:

a) Realizar sesiones conversacionales en pequeños grupos de 4 ó 5.

Cuando se dividen los niños en talleres para hacer actividades, podemos acercarnos a un grupo determinado e iniciar con él una sesión conversacional con o sin sujeto de observación. Para que esto sea eficaz, es necesario que estos grupos sean homogéneos: esto nos permitirá hacer una adaptación de nuestro propio lenguaje más eficaz y evitar que la presencia de un niño muy hablador impida la participación de los demás.

b) Diversificar los temas de conversación: es frecuente que la no participación de ciertos niños se deba a que no tienen nada que decir respecto al tema de la conversación. La maestra deberá prestar atención a diversificarlos. Si, a lo largo del curso, aprende a conocer a los niños y a sus familias, podrá también orientar la conversación hacia un tema para el cual tal o cual niño tenga una experiencia más rica o más reciente.

c) Enseñar a los niños a respetar poco a poco un turno de palabra sin caer en una rigidez ridícula que quitaría toda espontaneidad a la conversación; la maestra deberá recordarlo, prestar atención a los niños que no hablan y, utilizando el sistema de preguntas, intentar con suavidad que se incorporen al grupo: para ello deberá dar mucha importancia a las respuestas de estos niños y convertirlas en punto de partida de las siguientes intervenciones. Así el niño inhibido además de haber contestado, tendrá la satisfacción de oír comentarios a lo que ha dicho.

d) Intentar que la conversación no se limite a una serie de diálogos sucesivos entre un niño y la maestra y derive con la mayor frecuencia posible hacia el intercambio entre los propios niños.
De todos modos, en cuanto a la influencia recíproca de los niveles de lenguaje entre niños pequeños, compartimos el escepticismo de autores como Lentin que afirman que, si bien se observa una cierta impregnación a nivel de vocabulario («argot» de la escuela, juegos en boga, giros de moda...), la parte esencial del lenguaje de los niños se desarrolla por la influencia de los adultos y no por la de sus iguales.

- **La motivación:** Siguiendo con el libro de Hohman, nos gustaría entresacar de sus numerosas páginas un párrafo especialmente expresivo: «Para el desarrollo del lenguaje descriptivo es esencial proporcionar a los niños cosas interesantes para que las exploren y las usen. Los niños no describirán las cosas si no existe nada en el ambiente que los entusiasme y los atraiga. Explorarán, manipularán, usarán, harán experimentos y en consecuencia hablarán acerca de las cosas, sucesos y lugares que los intrigan, que los desafían, que no han visto nunca antes, sobre las que tienen cierto tipo de control, que pueden usar y experimentar en una variedad infinita de formas y que los relacionan estrechamente con sus compañeros» (pág. 206).
Para ello, es importante que las maestras de preescolar se den cuenta de la importancia que tienen **los objetos** para los niños de esa edad y de lo vital que resulta el poder tocarlos, compararlos,... Un aula de preescolar debe, a lo largo de un curso, acumular materiales de todo tipo que servirán de punto de partida a muchas sesiones de conversación con sujeto de observación (cuando el material estará a

la vista) y sin sujeto de observación (cuando vamos a hablar de ello después de guardarlo).

- **El sentido de la ruptura:** Conversar con 25, 30 ó 35 niños pequeños no es fácil, ya lo hemos dicho. El peligro habitual es el desorden que hace que la mayoría de los niños vayan desinteresándose del tema y empiecen «batallitas» por su cuenta. La condición básica de que funcione una sesión colectiva de conversación es mantener la atención de los niños sin tener que chillar ni repetir mil veces consignas como: «María, cállate ahora, Pedro, no te levantes, Rafael, estate quieto…». Dos principios básicos para conseguirlo son la motivación inicial (ver punto anterior) y la corta duración de las sesiones (entre 10 y 20 minutos parece lo más conveniente). Un tercer principio reside en la capacidad de ruptura de la maestra: cuándo ésta nota que el nivel de dispersión aumenta peligrosamente, que la participación en el tema empieza a agotarse, debe producir una ruptura de situación que le devuelva otra vez la atención de su clase: para ello se puede valer de varios «trucos»: sacar un nuevo objeto como sujeto de observación, introducir algún elemento humorístico (equivocarse a propósito en alguna respuesta, introducir algún elemento de fantasía en la conversación —«y ¿qué pasaría si»—, contar alguna anécdota divertida con el tono de voz adecuado) o cambiar la colocación de los niños para que el exceso de tensión acumulada se vaya a través del cambio de postura y el movimiento.
Es preciso evitar entrar en la dinámica de intentar imponer un orden en algo que se está deteriorando por falta de fuerza propia: en última instancia, es mucho mejor suspender la sesión conversacional y pasar a otra actividad que imponerla a un grupo de niños que, por la causa que sea, no la está viviendo realmente.

- **Escribir lo que dicen:** Hemos comentado en la introducción a esta segunda parte del libro que uno de nuestros objetivos pretende acercar al niño al lenguaje escrito. Antes de aprender cuáles son las reglas de codificación y descodificación de ese lenguaje escrito, nos parece fundamental que los niños empiecen a entender la finalidad y las ventajas de ese sistema.
«Cuando los niños hablan sobre algo que hicieron, vieron o elaboraron, y alguien lo pone por escrito exactamente como lo dijeron y se los lee, están atestiguando la escritura y la lectura de sus propias ideas. Aprenden que pueden hablar sobre lo que piensan y sienten y que lo que platican puede ser puesto por escrito… y que pronto podrán escribir y leer» (**Niños en acción**, pág. 213).
Durante estos momentos de conversación, sea con todo el grupo o con los grupos pequeños, la maestra inducirá a los niños a que le dicten palabras o frases, indicándoles con claridad dónde queda escrito lo que han dicho, respondiendo a su interés y sus preguntas acerca de las palabras o de las letras, despertando poco a poco en ellos las ganas de aprender y de imitar a la maestra. Evitará en todo momento caer en un excesivo didactismo o en un aprendizaje «disfrazado»: debe quedar a la espera, «citando de largo» si se nos permite un lenguaje taurino.

En conclusión a este primer punto, hagamos un breve resumen de los puntos más importantes: una sesión conversacional es una situación donde **deben hablar sobre todo los niños,** donde la maestra tiene esencialmente un papel de estimulación y de coordinación, donde debe prestar especial atención a los niños con más dificultades en la expresión espontánea. No se pretende transmitir conocimientos, sino desarrollar una capacidad.

La expresión espontánea es el punto de partida y la materia prima de la conversación, y la maestra, para guiarla, se valdrá sobre todo de las preguntas individuales abiertas además de otros recursos externos.

Debe buscar un término medio entre una situación excesivamente dirigida, donde la participación de los niños se encuentre prácticamente «teledirigida», y una situación excesivamente incontrolada, donde los niños no puedan recibir el feed-back de sus propios enunciados y no consigan desarrollar su capacidad de comunicación en grupo.

LOS EJERCICIOS DIRIGIDOS

Introducción

Cuando intentamos explicar a un grupo de educadores lo que pretendemos con los distintos ejercicios que vamos a describir a continuación, solemos partir de la siguiente comparación.

Cuando un educador realiza actividades de psicomotricidad con sus alumnos normales de preescolar, no se le ocurre pensar que estos ejercicios sirven para «aprender» a correr, saltar, doblarse... Cualquier niño aprende a hacer esas cosas perfectamente en el patio, en su habitación, con una rama, una vieja lata de cerveza...

Una actividad psicomotriz consiste en **extraer** un determinado movimiento, una determinada postura de su contexto habitual de realización para conseguir una serie de objetivos como un mayor control propio, una mayor capacidad de discriminación sensorial, ciertos objetivos lógicos, una mayor socialización a través de ejercicios en grupo... Cuando utilizamos en nuestra aula de preescolar material sensorial o material de experimentación lógica, según como lo llamen sus diseñadores, o sea esos cubos, aros, regletas, formas de plástico..., estamos **extrayendo** ciertas características de los objetos reales como el color, la forma, el tamaño, el número, con el fin de realizar con los niños ciertas operaciones de observación y razonamiento lógico.

Los ejercicios dirigidos de lenguaje parten de la misma base: van a **extraer de la comunicación lingüística en situación ciertos elementos** (los fonemas, las sílabas, las palabras, las funciones pragmáticas) y plantear situaciones, en general de juego, donde los niños puedan manipularlos como si fueran objetos, agrupándolos, diferenciándolos, comparándolos, juntándolos... y observando el resultado de todas estas manipulaciones. No se pretende enseñarles fonética ni semántica ni gramática; queremos entregarle ciertos elementos del lenguaje para que jueguen con ellos, con el propósito de que una mayor consciencia de su existencia y de sus características les ayuden en su desarrollo general y no sólo lingüístico.

¿Puede constituir eso un peligroso retorno a una pedagogía dirigista del lenguaje? En absoluto. No parece razonable pensar que unos 10 minutos dedicados cada día a una actividad destinada a acceder a un lenguaje explícito pueda perjudicar la relación favorable a la expresión espontánea que existe durante el resto del día. Por otro lado, no debemos olvidar que la mayor parte de estas actividades son juegos y las demás contienen algún elemento lúdico. De allí que los próximos títulos de este capítulo se llamen «Jugar con...».

Jugar con los sonidos
(organización fonética y fonológica)

Tenemos que partir del hecho de que el niño no necesita obligatoriamente realizar ejercicios especiales para adquirir el sistema fonético de su idioma; sin embargo, hay que tener en cuenta que la escolarización cada vez más temprana de los niños hace que los modelos presentados a los niños sean menos individuales que en una relación clásica madre-niño. Por otra parte, hay una serie de niños para los cuales la simple presentación de modelos no es suficiente, porque la madurez de los factores implicados en la integración fonética se está estructurando con más lentitud o, incluso, con déficit: son los niños que presentarán cuadros de inmadurez articulatoria o de dislalia.

Si queremos sintetizar rápidamente lo que un niño necesita para ser capaz de adaptar progresivamente su fonética a la fonética correcta de su idioma, destacan tres aspectos:

- Una buena atención y discriminación auditiva general (en primer lugar) y fonética (en segundo lugar).

- Una buena motricidad buco-facial general y una buena motricidad aplicada a los movimientos articulatorios durante la expresión verbal.

- Una motivación suficiente para hablar bien y superarse, que entra dentro de una motivación global para «ser mayor».

Recordando un aspecto fundamental del proceso articulatorio, su carácter automático y global, los ejercicios **no se centrarán directamente en la pronunciación aislada de tal o cual fonema** (como se debe hacer, a veces, en reeducación), sino en una estimulación indirecta de los factores asociados y, dentro de dimensiones lúdicas, de la «práctica» articulatoria.

No vamos a «corregir» al niño ni llamar su atención consciente sobre los movimientos y posturas de los órganos de articulación, dándole consejos sobre la forma de conseguir tal o cual fonema. Es un tipo de exigencia que, hecha a destiempo y delante de sus compañeros, puede resultar totalmente perjudicial.

No se nos ocurriría interrumpir un juego de saltos encima de una cuerda porque un niño ha saltado con un pie un poco más alto que el otro.

JUEGOS DE ATENCIÓN Y DISCRIMINACIÓN

- **Ruido-silencio:** dentro de ejercicios dinámicos (desplazamientos sobre todo) vamos a introducir consignas basadas en la presencia-ausencia de un ruido.

  Ejemplo: Le contamos a los niños que estamos en un bosque, buscando animales; andamos muy despacio, sobre las puntas de los pies.

  Consigna: mientras tocamos ligeramente el pandero, pueden andar; cuando paremos, deben quedarse inmóviles.

  Variante: mientras tocamos ligeramente el pandero, deben quedarse quietos («son los pasos de algún bicho»); cuando paramos, pueden volver a andar.

- **Sonido-sonido:** dentro de ejercicios dinámicos (también desplazamientos o posturas) vamos a introducir consignas basadas en la discriminación de dos sonidos.

  Ejemplo: los niños en círculo alrededor de una silla («el tótem») bailan el baile de la lluvia, como los indios.

  Consigna: si tocamos los cascabeles, bailan muy deprisa, de puntillas («queremos una lluvia muy finita»); si tocamos las claves, más despacio, bailan lentamente, pisando fuerte («queremos una lluvia muy fuerte, con truenos»).

  Variante: en vez de asociar los sonidos con desplazamientos, se pueden asociar con posturas (manos arriba, manos abajo…).

La distinción entre sonidos a partir de ahora podrá hacerse según distintos parámetros:

Intensidad: asociar sonidos fuertes, débiles e intermedios a una realización motriz coherente (imitar el andar de animales de distintos pasos, por ejemplo;, escoger de un montón de formas de plástico el tamaño adecuado a partir de la asociación grande-fuerte, pequeño-débil…).

Duración: asociar sonidos de duración variable a una realización motriz coherente (tirar una pelota de trapo a un niño que está cerca o que está lejos según el sonido sea corto o largo, pintar en la pizarra rayas más o menos largas…).

Timbre: asociar el timbre de distintos instrumentos (cuanto más parecidos, más difícil el ejercicio) a distintas realizaciones motrices coherentes (imitar distintos animales según el sonido sea más agudo o más grave…, etc.).

Tratándose de ejercicios de discriminación auditiva se recomienda hacerlos primero con los instrumentos a la vista, pero, después, escondiéndolos de alguna forma o tocándolos por detrás de los niños.

Pero también podemos hacer ruidos con la boca y pasaremos de forma alternativa a juegos de discriminación a partir del habla.

- **Palabra-palabra:** vamos a intentar centrar la atención auditiva del niño sobre elementos lingüísticos, al principio muy sencillos, como las palabras. Como se trata de ejercicios de atención y no de comprensión, las palabras no tendrán relación con la consigna.

Consigna: siguiendo con los indios, viene ahora el brujo (el maestro) cantando encantaciones mágicas (formadas de una sucesión de palabras sin sentido: café, vaca, patata, caballo, escoba, pata de palo...).

Los indios (los niños) en fila (india, claro) esperan: cada vez que la palabra «cuchara» sale de la boca del brujo, debe salir corriendo un niño y sentarse en su sitio.

Progresión: se dan dos consignas, por ejemplo: cada vez que sale la palabra «cuchara», debe ir a sentarse en su sitio; si sale la palabra «berberecho» debe colocarse delante de la puerta.

La complejidad del ejercicio se regulará directamente por el maestro en función de la velocidad de emisión y en función de las palabras elegidas: ya verán cómo les cuesta no correr o sentarse cuando sale la palabra «cuchillo», «cacharro» o incluso «tenedor», si la consigna correcta es «cuchara».

Conchita Sanuy y sus compañeras nos proponen una actividad muy similar en su trabajo sobre expresión con niños de 4 años[22].

- **Sílaba-sílaba:** utilizando la misma técnica de juego, centraremos las consignas en un elemento fonético más reducido: la sílaba.

Consigna: los indios se van a la guerra y el jefe ha inventado un código secreto para dirigir a sus guerreros.

Progresivamente, introducimos consignas relacionadas con sílabas cada vez más parecidas:

— «**bum**»: tienen que tirar piedras

— «**sa**»: tienen que lanzar flechas

— «**cha**»: tienen que lanzar lanzas

— «**ta**»: tienen que atacar a caballo...

---

22. C. Sanuy, 1. Cortés., y B. Ojeda: **Experiencias de música, danza y juego.** Madrid. Marsiega, 1981.

Observaciones: aunque se introduzcan las consignas una por una, lo interesante es llegar a trabajar dos, tres o cuatro a la vez para llegar a la discriminación de sílabas como za-fa, la-da, ka-ta, pa-ta, ra-la, sa-cha, sa-ta…, etc.

Las consignas se pueden dar para todo el grupo o individualmente: «guerrero Pablito, ¡bum!».

También los niños pueden hacer de jefes, lo que aumenta la dificultad de retención.

Progresivamente se complicarán los ejercicios anteriores aumentando el número de sílabas y su proximidad fonética.

En el caso de m n f ch z s r j se pueden incluso emplear los fonemas solos, sin vocal.

JUEGOS DE MOTRICIDAD BUCO-FACIAL

Estos ejercicios tienen su utilidad, pero deben realizarse con precaución, porque:

— En general, el niño normal, gracias a los movimientos reflejos de succión y a los movimientos de masticación, presenta una motricidad buco-facial suficiente. Lo que provoca la dificultad articulatoria es la asociación entre un movimiento determinado y un fonema, no la realización en sí del movimiento.

— Por otra parte, hay niños que presentan una verdadera dificultad de control psicomotor de esta zona y a ellos les convienen muchos ejercicios, pero con un gran sentido de la progresividad y respetando siempre la ley del «mínimo esfuerzo».

— Se corre el peligro de exagerar los movimientos, en general diminutos, de la articulación.

Por tanto, introduciremos **siempre** estos ejercicios en juegos muy globales y evitando las hipercontracciones y esfuerzos excesivos.

Juegos de soplar: Apagar velas. Hacer burbujas con pipa. Juegos de cerbatana (a veces, ciertos niños encuentran menos dificultad en soplar a través de tubos que sin su ayuda).

Hacer avanzar globos hinchados (no recomendamos nunca en preescolar hinchar globos, ejercicio excesivo).

Hacer avanzar bolitas de papel.

Hacer avanzar el hombre de tres piernas (muñeco de papel fuerte o cartón realizado de la forma siguiente):

Estos tres últimos ejercicios se pueden hacer con carreras entre varios niños.

Juegos de hinchar las mejillas: (jugando a ser globos, a ser el gordo y el flaco...).

Juegos de lengua: sacar y levantar la lengua jugando a la serpiente, imitando a un niño que chupa un polo, haciendo un bulto en la mejilla como si tuviéramos un caramelo dentro.

Colocando a los niños en fila, la maestra puede también ir colocando un poco de azúcar en distintas partes de la boca de los niños, para que vayan cogiéndolo con la punta de la lengua: lo puede colocar arriba, abajo, de los lados, más o menos cerca...

Juegos con los labios: Dentro de un tema como el carnaval o dentro de un juego de mimo, podemos jugar con los niños a imitar distintas expresiones faciales; en ellas intervienen con frecuencia movimientos de labios hacia delante, hacia atrás, hacia arriba, abajo.

Podemos jugar a pasar muy despacio de una máscara contenta a una máscara triste, a parecernos a esos peces chupones que salen a veces en las peceras...

PRIMEROS JUEGOS DE IMITACIÓN:

Se parte de una idea muy habitual también en psicomotricidad: el punto de partida debe ser el descubrimiento de la **libertad** de actuación.

Normalmente se conciben los fonemas estrechamente ligados al lenguaje, a la significación. Para empezar los juegos de imitación, debemos hacer descubrir, en primer lugar, a los niños que pueden producir fonemas y sílabas sin estar «atados» al modelo inmodificable de una palabra.

Los ruidos: existe una serie de ruidos más o menos convencionales, tales como: ay, ah, oh, mmmmh, ssshhh, uuh, plaf, brrrrnmm, jajaja, buhuhu, ding... que se asocian fácilmente con acciones o expresiones faciales (dolor, risa, susto, coche...).

Prestan fácilmente a un juego de adivinanza iniciado por la maestra y que se deja después a la improvisación de los niños.

Pasa otro tanto con los gritos de los animales: guau, guau, miau, miau, kikiriki..., etc.

Existen pequeñas prosodias muy simples que introducen esos elementos y nos van a permitir hacer entrar a los niños más pequeños en los juegos de imitación y de memoria.

No se intenta conseguir directamente una gran claridad de articulación, pero, a través de estos juegos, se oponen de forma repetitiva el modelo infantil y el modelo adulto, subrayando contrastes y diferencias sin aburrir al niño y de forma indirecta.

Tanto estas primeras «canciones» como las siguientes se acompañan siempre de alguna otra participación motriz con el cuerpo, las manos..., incluyendo la producción oral en una realización mucho más global.

Pica, pica: (hacen el gesto de pincharse una mano con el dedo de la otra).

Au, Au: (gesto de lástima, manos en la cabeza).
Pupa, pupa: (gesto de dolor).
Uuuuuu: (se esconden la cara en las manos).

Bota, bota la pelota.
Bota, bota el pelotón: (gesto de botar la pelota).

Pío, pío, pío,
dice el pajarito.
Guau, guau, guau,
dice el perro feo.
Miau, miau, miau,
dice el gato listo.
¿Y qué dice el patito?
No dice ni pío.

(Se mima con las manos a cada animal; si los niños son muy pequeños, sólo repiten las onomatopeyas).

Tic-tac (balanceo lateral del cuerpo).
tic-tic-tac
mi reloj
hace tic-tac[23].

---

23. De M. Sanuy: Canciones populares e infantiles españolas.

Cu-cú
Cantaba la rana
Cu-cú
Debajo del agua

JUEGOS DE ESTRUCTURACION TEMPORAL

El orden de los sonidos: Estando los niños de espalda, la maestra toca dos instrumentos, uno detrás del otro. Después, un niño se levanta y los toca en el mismo orden.

Variante 1: se aumenta el número a tres y, después a cuatro, jugando con las distintas combinaciones.

Variante 2: en vez de tocar los instrumentos, los niños deben decir el nombre de los instrumentos en el orden en que los ha tocado la maestra.

Después se hace lo mismo sin que los niños vean los instrumentos.

Se cogen dos instrumentos bien distintos, por ejemplo, el pandero (P) y los cascabeles (C).

Le explicamos a los niños que cada vez que vamos a tocar P C, tienen que levantar la mano.

Hacemos un par de ejercicios para probar.

Después, le tocamos C P y les preguntamos si suenan igual. Si dicen que no, les explicamos que cada vez que oigan C P, deben dar una patada en el suelo.

A continuación, lentamente, le tocamos una serie de secuencias, alternando aleatoriamente P C y C P.

Al principio, les cuesta un poco, pero, progresivamente, mejoran su resultado, porque se dan cuenta de que prestando atención al primer sonido, ya tienen la respuesta: el ejercicio se convierte entonces en un ejercicio de discriminación.

Este es el objetivo del ejercicio: desarrollar una **percepción «activa»,** una verdadera estructuración temporal.

Aplicando esto a las sílabas, hacemos el juego siguiente: colocamos dos grupos de cuatro niños frente a frente y les decimos que vamos a jugar al juego de «quién pisa primero».

Al primer grupo le damos el nombre de «es» (o «ah» o «el»…) y al segundo el nombre de «se» (o «la» o «le»…): cada vez que decimos el nombre del grupo, los niños de éste pueden dar un paso: gana el que le toca pisar primero al compañero de enfrente. Los pasos se hacen punta contra tacón, o libremente, si son niños pequeños.

Al principio, vamos separando mucho las sílabas, pero poco a poco vamos aumentando el ritmo.

Se puede ir así trabajando la discriminación entre las distintas parejas de sílabas directas-sílabas inversas como

>ar-ra
>on-no
>im-mi

Para evitar que los niños se fijen demasiado en lo que hacen los niños de al lado, podemos distribuir los «nombres» de forma alterna entre los dos grupos.

Para los niños más mayores, podemos complicar el ejercicio, introduciendo secuencias de tres ruidos y sílabas de tres fonemas.

Hacemos el mismo ejercicio que el anterior, pero, además del pandero (P) y de los cascabeles (C), añadimos un tercero, por ejemplo, el timbre (T).

Con la misma consigna que antes (mano arriba, patada) trabajamos la oposición

>PCT
>y PTC

Al principio resulta un poco difícil, pero si hacemos los tres ruidos con lentitud, se dan cuenta de que prestando atención al segundo de los ruidos, es suficiente y los demás sobran.

A partir de entonces, podemos acelerar el ritmo de las secuencias.

Paralelamente, el juego con las sílabas directas e inversas lo haremos con sílabas compuestas y mixtas, dando, por ejemplo, «nombres» como «tra» y «tar», «pre» y «per», «fle» y «fel», etc.

SEGUNDOS JUEGOS DE IMITACIÓN

Los que observan a los niños (y sobre todo a las niñas) en los recreos habrán escuchado muy a menudo, cuando éstas juegan a la goma, cómo van cantando litanías en general incomprensibles, memorizadas únicamente a través de la melodía y del ritmo, ya que suelen carecer de sentido.

Por otro lado, los que fueron alguna vez a una acampada de boy-scout se acordarán de esas canciones pretendidamente «indias» o «africanas» compuestas de sílabas y palabras sin sentido que uno iba aprendiendo «de oído».

Es a partir de estas dos experiencias que hemos elaborado los juegos siguientes.

Vamos a partir otra vez de una actividad muy libre para ir dirigiéndola, poco a poco, a través de juegos imitativos basados únicamente en estructuras fonéticas.

Juntamos a los niños y les explicamos que estamos en África, en la selva. Allí, hay pueblos que tienen una valla alrededor para protegerse de las fieras que viven en la selva (los niños se colocan dentro de un círculo compuesto por las sillas del aula). Por la tarde, salen los cazadores para intentar cazar algún animal mientras se acerca al río para beber (la maestra sale del círculo). Cuando vuelve con la presa, se acerca a la valla y empieza a gritar cosas: si los que están en el pueblo repiten exactamente lo mismo, puede entrar porque quiere decir que no hay peligro. Pero tiene que repetir dos veces las cosas que gritan (eso para impedir que los niños inventen series muy largas que sus compañeros no puedan repetir).

La maestra, que hace de primera cazadora, empieza entonces a gritar:
>a be no no (los niños repiten)
>a be no no
>a ba lu la tumbale
>a ba lu la tumbale
>a be nono lale
>a be nono lale

Como los habitantes del pueblo han imitado perfectamente sus gritos, la maestra-cazadora entra en el círculo-pueblo, y sale otro cazador-niño que, a la vuelta de su caza, deberá inventar otros gritos que los del pueblo imitarán.

En general, los niños suelen producir series muy similares al modelo de la maestra, lo que permite a ésta influir parcialmente en la dirección fonética del ejercicio.

Otro juego de creación del habla puede ser el siguiente: la maestra le da una marioneta a algún niño, explicando que se trata de un niño de otro país (o de otro planeta) que habla otro idioma. Vamos todos a aprender algunas palabras de ese idioma.

Por ejemplo, ¿cómo se dice «mano» en ese idioma?

La maestra induce a los niños a que imaginen una palabra nueva para designar la mano. Por fin, sale «buba».

La maestra entonces mandará: «Levantad la buba. Poned la buba en la cabeza. Juntad las bubas…, etc.».

Seguirá con dos o tres palabras más que incluso podrá combinar en una misma frase. Si los niños dicen que «cabeza», en ese idioma extraño, se dice «tum», la maestra podrá mandar: «Poned la buba en la tum».

Suele divertir mucho a los niños que, con frecuencia, se acuerdan del nuevo «vocabulario» más tiempo que la propia maestra.

Da pie, incluso, para hacer funcionar la generalización de las flexiones (singular-plural, masculino-femenino, tiempos de los verbos) si proponemos a los niños utilizar adjetivos y verbos del idioma «marciano».

A partir de estos juegos libres en los que vamos a incitar a los niños a descubrir las posibilidades de producción vocal libre, iremos introduciendo juegos de imitación cada vez más elaborados.

Es importante recordar que, para la maestra, estas actividades tienen un objetivo claramente fonético y fonológico pero que esto no debe llegar a los niños: por esa razón todos estos juegos estarán incluidos en actividades lúdicas con acompañamiento de gestos, desplazamientos…, o que servirán de retahílas para elegir un niño entre varios.

Estas secuencias rítmicas suelen basarse en la oposición de dos o más grupos consonánticos (por ejemplo: p-t o t-k o t-s…), lo que representa una cierta «gimnasia» articulatoria, jugando con el paso de un punto articulatorio a otro.

Vamos a dar aquí algunos ejemplos, pero no son limitativos y una maestra puede perfectamente inventar juegos similares si respeta estas normas:

- Son secuencias rítmicas repetitivas.
- Se basan en la oposición de dos o más consonantes.
- Se empezará con las oposiciones más fuertes (oclusiva-fricativa, bilabial-dental, oral-nasal) para seguir con oposiciones más finas (distinción entre consonantes de un mismo grupo: entre dos fricativas o dos oclusivas).
- Estarán incluidas en un determinado juego.
- Irán acompañadas de movimientos corporales que respetarán el ritmo de la secuencia y la tensión fonética «golpe» si son sonidos oclusivos (p, t, k); movimientos suaves si son sonidos líquidos o oclusivos sonoros (m, b, l, n); movimientos de fricación, de resistencia contra una superficie, para las fricativas (s, f, z, ch).
- Son secuencias cortas que se pueden aprender por partes.
- No se insiste en la corrección individual de cada niño y se realizan los ejercicios siempre en forma colectiva.
- koko koko tí
  koko tí
  koko ta

  Se emplea como retahíla para elegir un niño entre un grupo. Se hace un movimiento hacia atrás con los codos para /k/ y un movimiento hacia delante con los brazos para /t/.

tí ta
quítate

- ti pa ta
  ti pa ta
  ti pa ti pa ti pa ta

  Se realiza con parejas de niños frente a frente. Se chocan las palmas de las manos para /t/ y se dan con las palmas en las rodillas para /p/.

- ci pi
  za pa
  ci pi tón (tres veces)

  Mientras los niños, con la cara tapada, recitan tres veces esta secuencia, uno de ellos esconde un objeto en el aula.
  Después, se juega a «frío, frío…».

- aloaloaloali
  aloaloaloala
  la ola viene hasta aquí
  aloaloaloali
  aloaloaloala

  Se acompaña la secuencia con un movimiento circular de ambas manos, una vez hacia delante, otra vez hacia atrás.

- plátano, plátano, pla
  plátano, plátano, pla
  pla, pla, pla
  plátano, plátano, pla

  Mientras se dice plátano, se hace el movimiento circular de las manos; para cada sílaba /pla/ aislada se da una palmada (o se chocan las palmas si se hace en pareja).

- Ni tú, ni tú, ni tú
  ni tu hermano Periquito;
  ni tú, ni tú, ni tú
  ni tu hermano Pericó

  Cantar y jugar al corro. Cuando llega la última parte (con el alza…) los niños hacen gestos como si lanzasen un balón al centro del círculo.

  Ni tú, ni tú, ni tú
  ni tu hermano Periquito
  tenéis un perrito
  como el que tengo yo

  Con el alza piripi
  tíramela, tíramela, tíramela;
  con el alza piripi,
  tíramela, tíramela
  y ya está[24].

- *Solista:* Una sardina
  Coro: una sardina
  Solista: dos sardinas
  Coro: dos sardinas
  Solista: tres sardinas

  Típica canción en serie oída en un recreo. El primer solista, cuando termina, designa al siguiente que tiene que volver a iniciar la canción, cambiando o bien los animales o bien el lugar donde se quieren meter (el zapato).

---

24. Popular de Asturias recogido (con música) por M. Sanuy en **Canciones populares e infantiles españolas.**

Coro: tres sardinas
Solista: y un gato
Coro: y un gato
Solista: se apostaron
Coro: se apostaron
Solista: el meterse
Coro: el meterse
Solista: en un zapato
Coro: en un zapato
Solista: a la chichichichi ua ua
Coro: a la uauauaua chi chi
Solista: a la uauauaua chi chi
Coro: a la chichichichi ua ua
Solista: que lo repita el señorito (o la señorita)… (se dice el nombre del siguiente).

- En el patio de enfrente
  amamue amamue
  otelo tela uistiti
  otelo telo uistiti
  un, dos, tres

  Juego de manos entre dos niños; cada niño tiene una palma debajo y otra encima de la mano del niño de enfrente; al ritmo de la canción van cambiando. El que se encuentre arriba cuando dicen ¡tres! puede pegar fuerte y gana.

- tambo-o-o-r
  epi epa ema i e
  o a e
  ilela ilela marumba makaue
  oye yuno
  oye yeyuno ye
  achiricoti í
  achiricota a
  ilela ilela
  marumba makaue

  Típica «canción africana» cantada en un corro de preescolar y recogida por los autores; las niñas seguían el ritmo con palmas, levantando las manos arriba para «achiricotí í achiricota a»

- A la dana dina
  a la dina dana
  a la dana dina
  señora divina
  A la dina dana
  a la dana dina
  Cantan y bailan
  las gitanillas
  A la dina dana

  Puede utilizarse como retahíla para saber quién empieza un juego o como una canción de corro, jugando con posturas de manos que se invierten a cada verso y se juntan al final.

La linda gitana
A la dana dina
La gitana linda
(Lope de Vega)

- din don, din don
  dindóndon
  fi fa, fi fa
  fifáfa
  ci za ci za
  cizáza
  fi cil
  fi cil
  di fícil

  Con la secuencia din-don, se hace un balanceo lateral del cuerpo.
  Con la secuencia fi-fa, un gesto suave hacia abajo con las palmas abiertas.
  Con la secuencia ci-za, un gesto suave hacia delante partiendo de la boca (como si se sacaran un espagueti de la boca).
  Con la secuencia fi-cil se hacen los dos movimientos anteriores uno detrás del otro, acompañando las sílabas.

- mi mo
  ni no
  mimi no
  nini mo
  mi mono ¿dónde está?
  mi mono está aquí
  mi mono me mola

  Es un juego para pequeños a realizar con un muñeco.
  Se puede acompañar la m con un gesto suave lateral que parta de la boca.
  Y la n con un ligero toque con el dedo en la nariz.

aani cuuni aauani
aani cuuni aauani
au au au bikana seuau
au au au bikana seuau
aauani biksini
aauani biksini
(«canción» india del Canadá)

Es una canción en «eco»: la maestra canta cada verso y los niños repiten en eco. Se emplea dentro de un contexto de juego de indios: en cada verso, se hace un movimiento rítmico distinto: por ejemplo, galopar, mover la mano detrás de la cabeza como si fueran plumas, mover la pala de una canoa.

Con los niños más mayores, se puede empezar a utilizar los trabalenguas, también de manera rítmica y colectiva y acompañándolos de gestos o mímica derivados del significado de las palabras. He aquí algunos de los que más se utilizan.

Si Pancha plancha
Con cuatro planchas
Con cuatro planchas
Pancha plancha.

Pobre Pablito
Pobre Pablito carpintero
Clava que te clava clavos
Se clavó un clavo
En el dedo.

Cocodrilo
Come coco
Muy tranquilo
Poco a poco.

Qué feliz es Félix
En su oficina
Todo es fácil
Nada difícil
En la oficina

El buzo caza
¿Qué caza el buzo?
El buzo caza un pez azul.

JUEGOS DE LOTO FONÉTICO
(Para los niños de 4 y 5 años)

Muchas veces, el niño es capaz de pronunciar correctamente en repetición, pero se equivoca cuando la palabra sale de su propia iniciativa.

Vamos a proporcionarle una situación donde utilizará intensivamente dentro de las palabras el fonema en cuestión, sin repetición previa, dándonos también la oportunidad de ofrecerle un «feed-back» correctivo determinado.

Se utiliza la técnica del juego didáctico «loto»: para ello se cogen grandes cartones (1 m. por 60 cm., por ejemplo), divididos en 8, 12 ó 16 cuadrados: en cada cuadro se pinta o se pega una foto, representando objetos o animales cuyo nombre contenga un fonema determinado.

Para jugar hace falta tener los mismos dibujos en fichas independientes.

Se divide la clase en dos, tres o cuatro equipos, según el número de cartones: a cada equipo se le da un cartón grande y las fichas individuales de cada cartón se mezclan, boca abajo, en el centro de la clase.

Por turno, un niño de cada equipo va cogiendo fichas y la coloca en su sitio del cartón correspondiente. El equipo que rellena su cartón primero ha ganado.

Con la emoción del juego, al coger la ficha, los niños nombran automáticamente la palabra del dibujo, realizando así nuestro objetivo de estimular la articulación intensiva de un fonema determinado sin recurrir a la repetición.

Incluso, como no se trata de un mensaje espontáneo, podemos insistir un poco en corregir una articulación correcta.

Variante: cada vez que cogen una palabra tienen que inventar una frase con esta palabra antes de colocarla en el cartón.

Una vez enunciada la palabra por el jugador, todo su equipo debe repetirla antes de colocarla.

Tenemos publicado ese material, pero para el uso individual, de tamaño pequeño (ver figuras 1 y 2), abarcando los principales fonemas consonánticos y también palabras con sílabas inversas, mixtas y sinfones, así como palabras de 4 ó 5 sílabas en las cuales los niños de 4 y 5 años suelen seguir teniendo dificultades de estructuración secuencial[25]. Las maestras podrán inspirarse de ese material, pero deberán hacerlo con un tamaño de acuerdo con la situación colectiva.

---

25. Monfort y Juárez: **Loto fonético I y II. Memory Fonético.** Madrid. CEPE.

LAS ACTIVIDADES DE LENGUAJE EN PREESCOLAR

Ficha para el fonema /g/.

Ficha para sinfones con /l/.

Otro ejercicio posible para entrenar la automatización de la pronunciación de ciertos fonemas o ciertas sílabas dentro de las palabras, sin interrumpir la expresión espontánea, consiste en realizar el juego de completar la última palabra de una frase. Se hace con los niños en círculo, diciendo una frase a cada niño para que la complete.

La maestra establecerá una lista de frases en función de lo que quiera trabajar con los niños.

Por ejemplo, para el entrenamiento del fonema /k/

 El niño duerme en su ....

 Con la leche se puede hacer el ....

 En invierno hace frío y en verano hace ....

 Se respira por la nariz y se come por la ....

Si quiere entrenar los sinfones con /l/ (pl, bl, cl...)

 La nieve es de color ....

 En las alas, los pájaros tienen ....

 En verano, vamos a bañarnos en la ....

 He visto una película de risa con el gordo y el ....

La maestra se dará rápidamente cuenta de que, aunque se dirija a un solo niño, todos los niños estarán buscando la palabra que falta y, como menos, se la estarán diciendo «por dentro»; el ejercicio es siempre colectivo.

JUEGOS DE CONSCIENCIA SILÁBICA Y FONÉTICA

Estos juegos se programan con el objetivo de **preparar a los niños al lenguaje escrito,** ejercitando su capacidad de analizar fonéticamente las palabras que deberá aprender pronto a reconocer y, sobre todo, a escribir.

Se trata de hacer descubrir al niño la existencia o no de un determinado fonema o sílaba dentro de las palabras.

Se empieza por la posición inicial para complicar progresivamente las técnicas:

 — Cada vez que vamos a decir una palabra que empiece por /ma/.

 — Cada vez que vamos a decir una palabra que termina por /ta/.

 — Cada vez que vamos a decir una palabra que empiece por /f/.

 — Cada vez que vamos a decir una palabra que empiece o contenga la /i/.

El niño deberá realizar una consigna motriz (levantar la mano, sentarse…).

En sentido inverso, podemos hacer buscar a los niños palabras que empiecen, contengan o terminen por tal o cual fonema/sílaba. (Famoso juego del «Veo, Veo,…»).

Se empezará el juego o ejercicio con una sola consigna para pasar después a la combinación de dos elementos fonéticos (dos sílabas, dos fonemas), si es posible dentro de un binomio de oposición: t-p, k-t, b-p, etc., asociados a dos consignas motrices de respuesta.

En esta sección se inscriben también las distintas actividades propuestas tradicionalmente en torno a las rimas.

Podemos encontrar una iniciación al juego de rimas en los juegos de las niñas con la «goma», por ejemplo, éste, recogido «al vuelo» en un recreo:

> A lo loco-co
> A lo loco-co
> Una vieja se ha caído de una moto-to
> A la cha-cha-cha
> A la cha-cha-cha
> Se ha caído
> Y se ha hecho una brecha-cha

La repetición de la última sílaba facilita su aislamiento del conjunto de la palabra.

Otra serie clásica:

> Una vieja-ja
> Mató un gato-to
> Con la punta-ta
> Del zapato-to
> Pobre vieja-ja
> Pobre gato-to
> Pobre punta-ta
> Del zapato-to

Una visualización de la colocación de la sílaba en la palabra constituye un buen ejercicio de preparación al futuro aprendizaje del lenguaje escrito.

Pintamos en la pizarra el cuadro siguiente y le decimos al niño que coloque una cruz en el primero o el segundo de los cuadros, según la posición de la sílaba /ma/ en las palabras que le vamos diciendo:

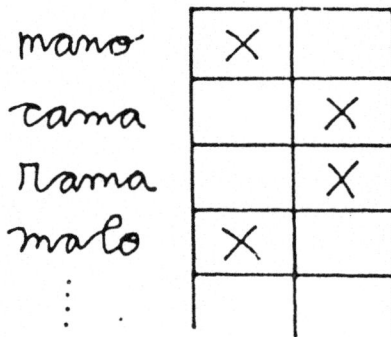

Después lo haremos con palabras tri-silábicas: colocar la cruz en función de la posición de la sílaba /ca/

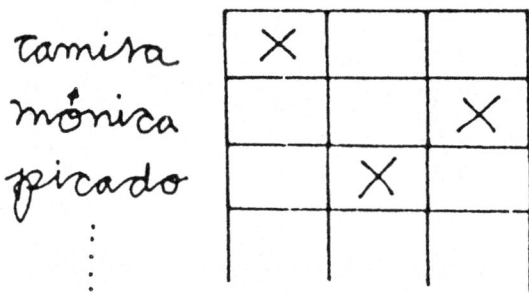

Después podemos colocar primero la cruz en uno de los cuadros y pedir a los niños palabras que respondan a este dibujo.

Jugar con las palabras
(organización semántica)

Esta parte se va a dividir en dos grupos de actividades.

El primer grupo va destinado a propiciar situaciones a través de las cuales los niños puedan enriquecer su vocabulario, tanto con el aprendizaje de nuevas palabras como por la precisión del significado de aquellas que ya conocen y emplean.

Estas situaciones deberán siempre partir de una **observación** (con o sin manipulación directa) de un **razonamiento** (espontáneo o fomentado por las preguntas de la maestra) y de una primera **expresión espontánea** que dará pie a la intervención en «feed-back» de otro niño o de la propia maestra.

El segundo grupo de actividades no pretende introducir nuevas palabras en el léxico de los niños, sino plantearles juegos donde van a tener que jugar con las palabras fuera de un contexto real de utilización, descubriendo así las relaciones lógicas que las unen, las oponen, las asocian…, etcétera:

APRENDER PALABRAS NUEVAS

Este primer grupo de actividades presenta dos estructuras progresivas: una, longitudinal, que determina la modificación de las actividades en función de la edad, y otra, transversal, que determina las actividades a lo largo del curso, cualquiera que sea la edad de los niños.

Empezaremos por la **estructura transversal,** que se podría resumir en la locución «de lo más particular/individual a lo más general/social».

El niño	Su ambiente más cercano	Su ambiente general
Su cuerpo, sus sensaciones, sus actitudes, sus conductas.	Su familia, la casa, el colegio, los amigos, los objetos más familiares (ropa, comida, animales, juguetes, naturaleza…).	Los lugares: ciudad, pueblo, campo, estación, playa, parque, montaña… Los tiempos: el clima, las variaciones y la sucesión del tiempo: día, noche, semana, hora, mes, estación… Relaciones sociales: oficios, deportes, fiestas, espectáculos… Objetos no familiares.

Realmente este esquema no hace más que reproducir la evolución léxica del desarrollo espontáneo del niño. No nos debe preocupar **el contenido de estos temas, sino su correcta presentación:** recordemos que el aprendizaje más importante del niño es básicamente activo: el tradicional método de presentación magistral (esperando poder arrastrar al niño en la misma dirección) da poco resultado a medio y largo plazo y no ayuda realmente al niño en la elaboración de sus fórmulas verbales.

Por eso, limitando el esquema de los contenidos a lo anterior, vamos a insistir en algunas directrices didácticas:

— Elección por la maestra o descubrimiento del tema o del **centro de interés** que, probablemente, servirá también de soporte en otras actividades de clase.

— Situación de **observación** y/o **manipulación** libre del material, estimulando a los niños para que expresen sus sensaciones e insistiendo para que sean lo más variadas posible (no sólo utilizando la vista, sino también, si es posible, el oído, el tacto…). La maestra puede dirigir poco a poco la situación para hacerse una idea del vocabulario ya conocido y de las necesidades que tienen los niños cuando no consiguen expresar un determinado concepto. Procurará pues, con sus preguntas o sugerencias, crear **necesidad** de léxico al mismo tiempo que registrará lo que le va a servir de contenido para actividades posteriores.

— **Manipulación dirigida** del material: a partir de lo que ha observado, la maestra irá introduciendo elementos y palabras nuevas en actividades concretas a través de sus consignas. Es importante que el niño pueda asociar lo nuevo dentro de esquemas activos, siempre con posibilidad de intervención. Se trabaja sobre todo la **comprensión**.

— **Manipulación del léxico:** la maestra introducirá situaciones para estimular en los niños la utilización en situaciones **comunicativas** del nuevo léxico, asociado a lo ya conocido (concurso de preguntas, dramatización, juegos funcionales, cuento, representación plástica explicada a los demás…).
En estos juegos expresivos, caben también actividades de imitación directa como poesías, canciones…, pero siempre dentro de una proporción razonablemente minoritaria, respecto a las actividades libres.

— **Actividades de repaso:** estas actividades se utilizan más como sistemas de **evaluación** que de aprendizaje; consisten habitualmente en juegos donde se repasa el léxico de un tema, pero sin estar necesariamente ligado a un contexto comunicativo directo: suelen hacerse con lotos, juegos de oca, juego de Kim u otros juegos de competición después de unas semanas de haberse terminado el trabajo del tema.

Vamos a dar un ejemplo resumido de progresión a partir de un tema simple: **nuestro cuerpo.**

a) Actividad para recoger información acerca del nivel de vocabulario de los niños en este tema.
Con todos los niños, la maestra se va de paseo por el monte a través de las sillas y mesas de la clase. Llegan al centro del aula donde hay un gran lago. Como hace mucho calor y están muy cansados, se van a lavar en el lago. Todo se juntan alrededor del lago (simulado con una cuerda en el suelo).
La maestra indica que ella va a nombrar una parte del cuerpo para que todos se laven y que después hará lo mismo el niño que está a su derecha y después el siguiente hasta dar la vuelta a todo el grupo.
Esto permitirá a la maestra conocer globalmente cuáles son las palabras que conocen y también las que no, porque, al cabo de 10 ó 12 niños, se va a acabar probablemente la capacidad de denominación de los niños: se les indicará que si no saben cómo se llaman pueden enseñarlas con la mano. Es la maestra entonces (u otro niño) la que nombrará aquella parte del cuerpo.

b) Actividad manipulativa para trabajar la comprensión. Se puede utilizar siluetas de cartón o trabajar con plastilina. A partir de un modelo pintado en la pizarra, la maestra puede mandar que los niños pinten tal o cual parte del cuerpo (basándose en lo que ha observado en la actividad anterior). Una vez pintadas, esas siluetas pueden recortarse, construyendo así un puzzle con que también se harán ejercicios de comprensión de consignas.

c) Actividad para trabajar la expresión: las estatuas. Volvemos al lago, explicando que con la arena de la orilla y el agua, se puede hacer barro. Entonces se divide la clase en escultores y en montones de barro, agrupándolos en parejas. A una señal de la maestra, cada escultor, manipulando el cuerpo de su compañero, modelará una estatua. A una segunda señal, los escultores les echarán agua (se derretirán) y a una tercera señal, los montones de barro volverán a tomar la postura anterior para que los escultores juzguen de la conformidad de la copia.

Se cambian los roles, pero esta vez la maestra explica que se trata de un barro mágico «que oye y entiende». Los escultores, con las manos a la espalda, deberán explicar a sus montones de barro cómo quieren que se coloquen.

Después, para hacer que los niños tengan que complicar su propia expresión, la maestra puede servir de modelo. Hay entonces un escultor principal que se coloca a un extremo del aula. Los otros niños se sitúan delante de él y representan todos los montones de barro mágico. La maestra se coloca detrás de ellos y adopta una postura que obligue el escultor a mencionar aquellas partes del cuerpo de denominación más compleja (codo, hombro, nuca…, por ejemplo). El escultor, con sus explicaciones, tiene que conseguir que todas las estatuas sean iguales que el modelo.

Otro juego de comprensión-expresión puede ser el siguiente:
Un niño se coloca delante de la pizarra donde hemos dibujado una silueta.
La maestra u otro niño se coloca detrás de él y le van tocando con el dedo en distintas partes del cuerpo: el primer niño irá designando esa misma parte en la silueta de la pizarra.
Después, se realiza el ejercicio con tres personas: la maestra, o un niño, va tocando a un alumno, por detrás. Este, ahora, está situado a dos metros de la pizarra y no puede ya tocarla. Pero, cerca de la pizarra está otro niño, dando también la espalda al grupo maestra-niño.
El niño «tocado» debe indicar verbalmente a su compañero qué parte del cuerpo debe señalar éste en la silueta de la pizarra (también la puede ir pintando con tizas: de esta manera podemos organizar un relevo de niños hasta pintar toda la silueta de la pizarra).

d) Se añade una actividad de imitación (ver la canción de «Bailar me gusta a mí…» en el capítulo dedicado a la imitación) para fijar en la memoria ciertos términos que la maestra considera útiles, o sea los que los niños han designado y manipulado espontáneamente pero que, en su mayoría, no sabían denominar.

e) Se pueden utilizar dos juegos clásicos para «repasar» el vocabulario utilizado durante las sesiones de manipulación, observación o experimentación.
El primero es el **buzón:** en una caja de cartón, la maestra va introduciendo, de uno en uno y recordando su nombre u otras características señaladas anteriormente,

los distintos materiales empleados (o dibujos y fotos que representen los temas trabajados).

Una vez terminado el relleno del buzón, la maestra preguntará:

—«Ahora vamos a sacar otra vez todas estas cosas del buzón. ¿Quién se acuerda de lo que metimos en él?».

Durante el juego, la maestra puede utilizar el sistema de «feed-back» correctivo para corregir y/o ampliar las respuestas de los niños; esta actividad le puede servir también de sistema de evaluación del aprendizaje de los niños; en general deberá establecer un turno de intervención para que los niños menos rápidos o con menos capacidad de memorización y verbalización puedan responder en primer lugar.

Si los niños no consiguen recordar algunos de los objetos introducidos en el buzón, la maestra puede ayudarles con inducciones:

—Era una cosa larga, larga…

o

—Queda la pi… la pie…

El otro juego es el juego de **Kim:** la maestra selecciona un número determinado de material utilizado en las sesiones anteriores (con la edad de los niños pero también a medida que vaya progresando el juego, colocará más objetos): después de pedir a los niños que observen atentamente y después de nombrar cada objeto (no limitándose necesariamente al sustantivo correspondiente), esconde el material con una tela o una caja de cartón y quita uno de los objetos sin que lo puedan ver los niños. Después vuelve a enseñar el material y pregunta:

—A ver quién sabe lo que he quitado.

* * *

Para que el aprendizaje, incluso denominativo, sea más activo por parte del niño y al mismo tiempo más exacto desde el punto de vista de la conceptualización, es importante utilizar al máximo técnicas como la **oposición**.

Por ejemplo, si presentamos la clásica situación de «descripción de una lámina», empleando la consigna: «Decidme lo que veis en este dibujo», vamos a recibir mezclados datos pertinentes objetivos, datos pertinentes subjetivos y datos no pertinentes, es decir, que no se refieren al concepto principal de la lámina.

Ejemplo: lámina representando un campo.

RESPUESTAS:

1. Veo una casa, con dos ventanas.
2. Hay ovejas allí, un montón de ovejas con un chico.
3. Es un pastor.
4. Aquí hay árboles.
5. Un sol y tres nubes.

6. Hay un tren encima del puente.
7. Y un tractor, y una moto.
8. Mi hermano tiene una moto, roja, así de grande.
9. El mío también.
10. Hay vacas allí que se comen a las flores.

Puede ser interesante que todas estas expresiones espontáneas se den libremente, pero si se limita el ejercicio de los niños a este punto, desde un enfoque lexical no es muy interesante, porque depende enteramente de la maestra para proseguir su aprendizaje.

En nuestra opinión resulta mucho más interesante plantear una situación de **oposición**, en este caso, por ejemplo, partir de dos láminas (el campo y la ciudad) y preguntar: «¿Qué diferencias hay entre un dibujo y el otro?» o «Decidme cosas que están en este dibujo y no están en el otro».

Esto obliga directamente a buscar elementos pertinentes, elementos que diferencian un concepto de otro de la misma familia: esa distinción es la base de la **definición** de un concepto.

Wallon decía: «el elemento fundamental del pensamiento es la estructura binaria, no cada uno de los términos que la componen: la pareja, el par son anteriores al elemento aislado». Una definición está constituida por los límites de la extensión de un concepto.

Las diferencias observadas por los niños forman así una definición infantil que parte de un proceso activo: el papel de la maestra se limita a servir de inductor y a proporcionar un «feed-back» correctivo: repite las expresiones empleadas, corrigiendo de paso los defectos fonéticos o sintácticos, si los hay, ayudando y ampliando las capacidades de expresión:

— «Aquí hay unas cosas con rayas y allí no.»
— «Es verdad. ¿Sabe alguien para qué sirven estas cosas?»
— «Para que se vaya el agua.»
— «Sí, éstas son las bocas de alcantarillado.»

Lo interesante del proceso reside en el hecho de que sea el niño quien ha descubierto el elemento diferencial; después ha intentado comunicarlo a los demás con evidente motivación: la respuesta léxica de la maestra tiene entonces todas las posibilidades de caer en terreno abonado.

Otros ejemplos de presentación por oposición pueden ser:

Verano-invierno	Salón-cocina	Estación-puerto
Tren-coche	Circo-cine	Pie-mano
Cumpleaños-reyes		Pan-naranja

Una presentación diferente se puede aplicar para temas más sencillos.

Ejemplo:

Consigna: «Mirad estos dibujos. Hay seis dibujos en la lámina, pero hay cinco que se parecen y uno que se ha equivocado de lámina, porque no se parece en nada. ¿Cuál es?».

Una vez obtenida la respuesta de «la flor» se pregunta «¿por qué?».

Y según la edad se obtienen estas respuestas:

«Porque no tiene cuatro patas»,	Respuestas intuitivas que
«Porque no es de madera.»	constituyen una primera
«Porque sí.»	definición y reflejan el
«Porque no es una cosa de la casa.» etc.	razonamiento del niño.

hasta

«Porque es un **mueble**.»	Respuesta general que permite superar rasgos puramente perceptivos.

Hay que buscar respetar el esquema natural de:

1.º Hacer observar   (material).
2.º Hacer razonar   (primera consigna).
3.º Hacer expresar   (¿por qué?..).
4.º Proporcionar el **feed-back**

En nuestra opinión, estos esquemas y directrices deberían ser suficientes para programar los ejercicios denominativos: en efecto, los **contenidos** lexicales no tienen por qué estar pre-programados, ya que deben responder a la misma **motivación** del niño y realmente constituyen más bien un pretexto o un material para desarrollar aptitudes más profundas, como la atención, la observación y el razonamiento lógico.

En el vocabulario utilizado durante la sesión de observación, no es necesario querer que el niño retenga todas las palabras ni tampoco presentarle sólo aquellas palabras que pensamos que es capaz de retener: hay palabras que «pasan» y que el niño puede olvidar momentáneamente sin problemas (las «escamas» del pez, el «interruptor» de la lámpara), pero le transmiten el sentido de la palabra exacta; por el contrario, hay palabras y expresiones que, en cualquier momento, pueden ser utilizadas de nuevo en situaciones cotidianas (las escamas **cubren** el cuerpo del pez, el interruptor sirve para **apagar** y **encender** la luz…).

De todos modos, es también necesario volver a tratar temas «trabajados», imbricándolos con nuevas experiencias, en función de la escasa capacidad de memorización del niño si ésta no va ligada a una gran motivación emotiva.

Lo que se debe preparar con cuidado son las situaciones y el material que se va a utilizar y las consignas que vamos a dar a los niños para que **nos pidan** un nuevo vocabulario.

Los padres estamos hartos de que nuestros hijos nos abrumen de «¿por qué?», «¿cómo se llama esto?», «¿para qué sirve?»…; esto es la situación natural: los niños nos arrancan el lenguaje.

¿Por qué no aprovechar esto en la escuela?

* * *

La estructura longitudinal es la que deriva de la evolución cronológica que se va a aplicar a la estructura transversal.

Dos años: La denominación es básicamente **concreta** (asociación palabra-objeto, palabra-situación) y debe estar siempre muy ligada a la acción, al conocimiento sensomotor más que a la observación.

> En general, se dedica más tiempo al aspecto de comprensión, ya que la capacidad expresiva del niño es todavía reducida: sin embargo, la maestra debe intentar adaptarse a los niveles individuales, muy dispares en esa edad.

Tres años: Es normalmente la edad de mayor desarrollo cuantitativo del léxico, es decir, la edad en que el trabajo de denominación debe ser más intenso.

> La actividad debe estar todavía muy ligada a la manipulación sensomotriz, pero ya es capaz de sacar provecho de los primeros materiales iconográficos (fotos, láminas, dibujos…) si éstos van muy relacionados con la realidad.

> De todos modos, las palabras y conceptos ya se separan poco a poco de la propia actividad del niño y se puede emplear los materiales fuera de su contexto directo.

> Mientras los de dos años utilizaban palabras muy concretas, los de tres ya van empleando palabras más generales y «abstractas»: las frutas, los muebles, los juguetes…

Cuatro y cinco años: Se preocupan ya menos del «¿cómo se llama?» y se centran más sobre el «¿cómo?» y el «¿por qué?».

A lo largo de estas páginas, hemos visto que la introducción de nuevas palabras pasa por la descripción verbal de lo que se está observando o de lo que se está haciendo y que esa descripción se origina a partir de un razonamiento, una operación mental de tratamiento de la información sensorial, combinada con la información almacenada en la memoria del niño a partir de experiencias anteriores.

También hemos observado que la forma más útil de estimular ese proceso mental y expresivo consiste en hacer preguntas.

Es importante recordar una vez más que si al principio, para los niños más pequeños, las preguntas se centrarán en el momento actual, desde los 3-4 años, la maestra debe insistir cada vez más en preguntas que no se refieran únicamente a lo que el niño puede ver y tocar en ese mismo instante.

Debe incitarle a relacionar lo que ve con lo que ha visto, a intentar expresar el por qué y el para qué de las acciones, el por qué no y el para qué no.

Cuando no utiliza la palabra correcta, siempre que sea posible, intentaremos hacerle una pregunta que le haga descubrir por qué no lo es antes de darle la respuesta si no la tiene.

Ejemplo: Los niños han estado bañando los muñecos y están vistiéndoles. Roberto coge unas zapatillas para calzar a una muñeca.

— **La maestra:** ¿qué le vas a poner ahora, Roberto?

— **Roberto:** Ahora, eso, los zapatos.

— **La maestra:** ¿Tú llevas zapatos, Roberto?

— **Roberto** (mira hacia abajo): Sí, son viejos.

— **La maestra:** Es verdad, están un poco viejos. y estos de la muñeca, ¿son iguales que los tuyos?

— **Roberto:** No, son blancos.

— **La maestra:** Tócalos, ¿son iguales de duro?

— **Roberto:** No, esos son… son para jugar… eso… para ir fuera cuando hace sol.

— **La maestra:** Claro, son zapatillas de deporte. ¿Tú también tienes zapatillas de deporte?

MANIPULAR PALABRAS

El objetivo de estos ejercicios es desarrollar la capacidad de utilización de los conceptos verbales fuera de su contexto concreto para conseguir un pensamiento interiorizado y lógico a través de las estructuras del lenguaje. Pretenden favorecer una mayor capacidad de evocación sin referente actual.

Formación de familias semánticas

Se trata de agrupar palabras de una misma familia.

Comprensión:

- Niños colocados en círculo deben andar mientras la maestra va hablando, y pararse cuando se calla.
  La maestra utiliza palabras de una misma familia (animales, comidas...).
  Después se les explica que no vamos a parar de hablar, pero ellos se tendrán que parar cada vez que vamos a decir palabras de otra familia: tigre, león, tortuga, vaca, silla, lápiz, árbol, perro, pez...

  allí deben pararse

  Se puede complicar con una subfamilia:
  Si nombramos animales de aire o tierra:
  — andar hacia adelante.

  Si nombramos animales acuáticos:
  — andar hacia atrás.

  Si no nombramos animales:
  — pararse.

- Dividir los niños en varios grupos, dando a cada grupo el nombre de una familia (frutas, verduras, muebles, oficios...).
  Enumeramos, con ritmo sostenido, una larga serie de palabras, unas que pertenecen a una de las familias, otras extrañas al trabajo: cada vez que oyen una palabra de su familia, los niños del grupo se apuntan un tanto.

Expresión:

Los niños sentados en círculo: cada uno debe decir rápidamente una palabra de una familia semántica determinada, sin poder repetir las que ya se han utilizado. Se puede realizar en forma eliminatoria, pero evitando frustraciones excesivas (siempre hay una forma discreta de ayudar al niño lento...).

Análisis

A partir de un concepto global, los niños deben enumerar un número determinado de sus elementos:

- Dime siete cosas de un cuarto de baño
- Dime siete cosas de una bicicleta
- Dime cuatro cosas que hay dentro de un estuche...

Se puede hacer de forma individual, por turno o juntando los niños en equipos.

Síntesis

Es un ejercicio de preguntas-respuestas:

— ¿Dónde se puede encontrar un cepillo de dientes y una toalla?
— ¿Dónde se puede encontrar cuadros y estatuas?
— ¿Quién emplea un martillo y un serrucho?
— ¿Dónde se puede encontrar una lavadora y un tenedor?
— ¿Dónde hay plantas y flores?
— ¿Dónde hay muchos niños y muchas mesas?
— ¿Dónde hay muchos niños y muchos árboles?

Los niños deben sacar de la yuxtaposición de dos o tres palabras el elemento conceptual más amplio que los incluye.

Con los mayores, se puede también hacer el ejercicio siguiente:

Con un grupo de seis niños, le damos a cada uno un nombre de animal: pato, tigre, burro, rana, águila, pez.

Seguidamente, a través de una serie de preguntas, les vamos agrupando en varias familias y reflejando esto en un gráfico en la pizarra: en la entrada de la derecha están los animales, en la entrada de arriba la de los criterios de agrupación, que iremos simbolizando con colores.

Las consignas son:

— «Los animales que tengan cuatro patas, que pinten una cruz en la columna verde.
— Los animales que pongan huevos, que pinten una cruz en la columna roja.
— Los animales domésticos, que pinten una cruz en la columna azul.
— Los animales que coman carne, que pinten una cruz en la columna marrón.
— Los animales que vivan en el agua, que pinten una cruz en la columna negra».

Se obtiene el gráfico siguiente:

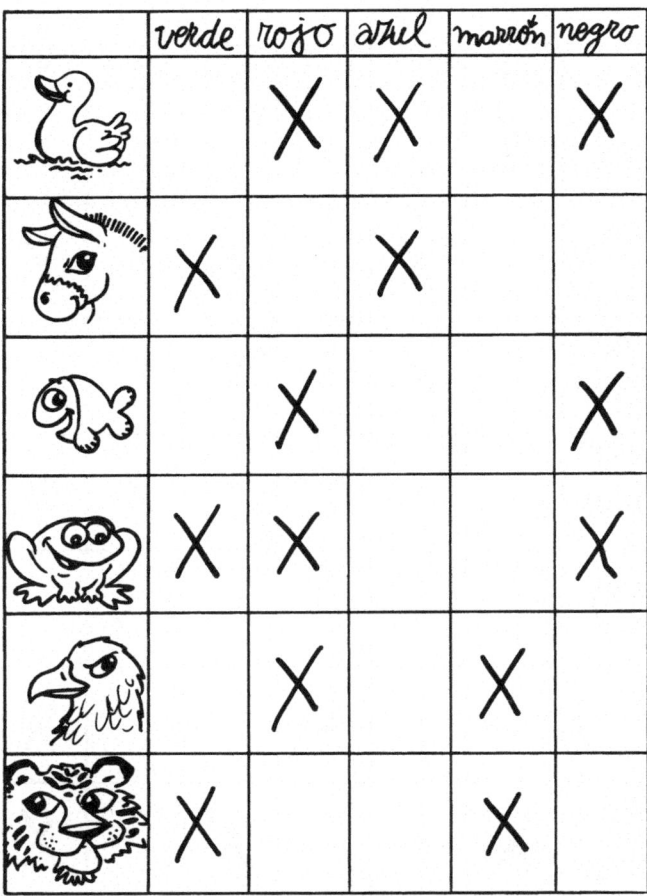

A cada niño le vamos a preguntar (por ejemplo, al pato):

— «¿Por qué tienes una cruz en la columna roja?». Normalmente, se ha olvidado del simbolismo del color sobre el cual no hemos insistido y tiene que sacar del conjunto de las cruces de la columna roja —pato, rana, pez, águila— la respuesta: «porque pone huevos».

— «¿Por qué no tienes una cruz en la columna marrón?». De la síntesis de las cruces de la columna marrón —tigre, águila— tiene que extraer la respuesta: «porque no come carne».

Y así sucesivamente con cada niño. Es un ejercicio difícil, pero realmente estimulador para la estructuración semántica lógica, ya que implica un doble movimiento operativo, de análisis y de síntesis.

Su realización es facilitada por el hecho de haber trabajado antes con los cinco conjuntos (cuando pintaron las cruces).

Otro ejemplo para este juego, esta vez con frutas.

	verde	rojo	azul	marrón	negro	amarillo
plátano	X					X
manzana		X		X		X
uvas		X		X		
cerezas			X		X	X
fresa					X	
melocotón			X			X
naranja	X	X		X		X

Las consignas serán:
— Los que tengan una fruta que debe pelarse antes de comer, que pongan una cruz en la columna verde.
— Los que tengan frutas con pepitas, que pongan una cruz en la columna roja.
— Los que tengan frutas con hueso, que pongan una cruz en la columna azul.
— Los que tengan frutas que sirven para hacer zumo, que pongan una cruz en la columna marrón.
— Los que tengan frutas de color rojo, que pongan una cruz en la columna negra.
— Los que tengan frutas que crecen en árboles que pongan una cruz en la columna amarilla.

Otro ejercicio de síntesis consiste en descubrir un concepto complejo a partir de un solo elemento significativo.

Vemos aquí un ejemplo sobre el tema de los oficios: los niños deben adivinar el oficio de los muñecos siguientes, a partir de la herramienta o prenda que exhiben.

Se pasan los dibujos rápidamente, intentando estimular la rapidez de evocación.

Contrarios

Ejercicios de preguntas y respuestas.

Se le hace descubrir primero el concepto a partir de frases utilizando adjetivos calificativos:
— Este árbol es muy grande (gesto) y éste es muy…
— Este señor es muy flaco (gesto) y éste es muy…

Una vez iniciado el juego se va empleando el término «contrario», pidiendo lo contrario de:

Adjetivos: alto, viejo, bueno, guapo, largo, lento, frío, ancho, triste, bonito, valiente… (adaptándose al vocabulario de los niños).

Adverbios: lejos, arriba, despacio, delante, mucho…

Verbos: hablar, llorar, subir, entrar, comprar, empezar, abrir, apagar, romper…

Sustantivos: en preescolar sólo se puede buscar lo contrario de sustantivos derivados de verbos: entrada, subida, principio…

Para animar un poco el juego, se puede hacer de la forma siguiente:

— Un grupo de 10 ó 12 niños: a cada uno se le dice, al oído, un adjetivo.

— Otro grupo de 10 ó 12 niños: se les dice, también al oído, los adjetivos contrarios.

— Alternando los turnos, tienen que hacer parejas: el gordo y el flaco, el triste y el alegre, el grande y el pequeño, el bueno y el malo, buscando su par en el otro grupo de compañeros.

Asociaciones de palabras y conceptos

Aunque se pueden evidentemente realizar de forma dinámica, son ejercicios generalmente desarrollados de forma individual, con material gráfico.

Hay cuatro niveles progresivos de asociación:

- **Asociación por identidad:** juntar las cosas iguales, empleando objetos o dibujos (por ejemplo, los típicos juegos de loto).

- **Asociación por similitud:** aquí los objetos o dibujos no son exactamente iguales: representan el mismo concepto con una forma distinta: una silla moderna y otra antigua, un zapato de mujer y otro de hombre, un coche viejo y otro moderno…

(Estos dos juegos, a partir de dos años.)

- **Asociación por familias semánticas:** el niño tiene que unir con una raya los dibujos de las cosas que pertenecen «a la misma familia», «que sirven para lo mismo».

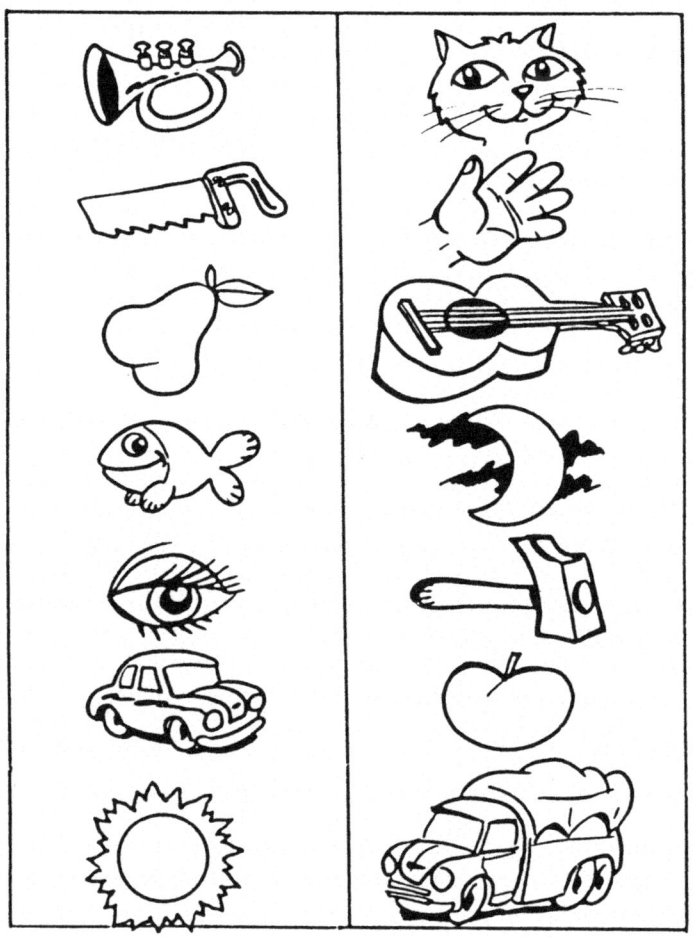

LAS ACTIVIDADES DE LENGUAJE EN PREESCOLAR _____ 127

Una vez terminado el ejercicio se pregunta al niño: «¿Por qué?», posibilitando así la introducción de palabras más abstractas (herramienta, instrumento…) **después** de una fase de observación y razonamiento más o menos intuitivo.

- **Asociación por complementaridad:** con la misma técnica que en el ejercicio anterior. Estos dos juegos se pueden utilizar a partir de los tres años hasta los seis: la dificultad reside en la naturaleza de los elementos empleados (es más fácil unir gato y perro que pez y mosca, más fácil unir cuchara y plato que mano y pañuelo).

Otro juego de asociación de conceptos por complementaridad se puede realizar sin soporte gráfico, en un juego circular o por equipo en el cual la maestra pregunta de una serie de «¿qué hacemos?».

— Cuando tenemos hambre... ¿qué hacemos?
— Cuando nos duele algo... ¿qué hacemos?
— Cuando tenemos frío... ¿qué hacemos?
— Cuando tenemos calor... ¿qué hacemos?
— Cuando estamos cansados... ¿qué hacemos?
— Cuando tenemos sed... ¿qué hacemos?
— Cuando estamos contentos... ¿qué hacemos?
— Cuando tenemos miedo... ¿qué hacemos?
— Cuando no hay colegio... ¿qué hacemos?

Ciertas poesías se basan en el encadenamiento y pueden utilizarse para hacer ejercicios de asociación: en este caso la maestra dirá la primera parte y los niños deberán encontrar la segunda. Encontrarán varios ejemplos de estos encadenamientos en el libro de M. Muñoz (1983) como estos dos:

> ¿Qué le ocurre a nuestro árbol?
> Que está triste
>
> ¿Qué le ocurre que está triste?
> Que tiene sed
>
> ¿Qué le ocurre que tiene sed?
> Que el cielo no llora
>
> ¿Qué le ocurre que el cielo no llora?
> Que los pájaros se fueron
>
> ....
>
> Si a mi globo le pongo boca
> se ríe y llora
>
> Si a mi globo le pongo un ojo
> ve el viento
>
> Si a mi globo le pongo orejas
> oye los sueños

Si se emplea como ejercicio de asociación, las respuestas de estas poesías no se darán evidentemente como modelo sino que se aceptarán las respuestas de los niños.

Si se quiere emplear como actividad de imitación directa entonces se deberá buscar el contexto lúdico adecuado (ver el capítulo dedicado a la imitación directa).

Semejanzas

Los juegos de asociación preparan lógicamente a los de descubrir semejanzas entre los objetos, personas o animales.

Cuando la maestra observa que los niños realizan correctamente los ejercicios de asociación, puede recoger verbalmente los objetos utilizados en dichos ejercicios y plantear la situación de una forma exclusivamente verbal:

«La leche y el agua no son iguales pero se parecen. ¿Por qué se parecen?».
(En caso de no obtener respuesta, puede utilizar un mecanismo de inducción: «¿se parecen porque los dos se comen?»).

Podrá preparar así parejas de objetos o animales o personas en función de que se parezcan por su uso:

      pan - patatas
      zapatos - botas
      martillo - sierra
      tambor - guitarra
      lápiz - boli (son los más fáciles)

por pertenecer a una misma familia

      vaca - caballo
      ojos - nariz
      flor - árbol

por la forma

      rueda - pelota
      tubo - cigarro

Las seriaciones

Un tema muy interesante en las relaciones entre lenguaje y pensamiento es la disociación entre esencia y característica, entre el sustantivo y el adjetivo.

Dentro de los clásicos ejercicios de seriación por tamaño, como los que representamos a continuación, hay un campo muy propicio a las manipulaciones de lenguaje.

Si pedimos a un niño, incluso de cinco y seis años, una descripción de estas series, vamos a obtener en general una sucesión de «etiquetas»: una pequeña, un poco pequeña, una grande, una muy grande, donde brillan por su ausencia términos comparativos como «más» y «menos».

Es el reflejo de su pensamiento sincrético, que no es todavía capaz de extraer de los objetos una dimensión abstracta y realizar una actividad en función de ella, superando los datos perceptivos.

Resulta, pues, interesante utilizar estas seriaciones de tamaño (también hay seriaciones cromáticas y numéricas) para introducir estos términos y, de paso, el concepto de relatividad.

Comprensión: sobre una seriación ya hecha.
— «Enséñame la más grande, la más pequeña, una que sea más pequeña que ésta, una que sea más grande que ésta, una que sea más grande que ésta y más pequeña que ésta, todas las que son más grandes que ésta…»

La presentación de estas consignas empieza a mostrar al niño que tal o cual objeto puede ser a la vez «pequeño» si lo comparamos con otro más grande, y «grande» si lo comparamos con otro más pequeño.

Expresión: hay que intentar llevar al niño a la situación de utilización obligada de los términos comparativos.

Le enseñamos una flor:
— ¿Cómo es?
— Normal…, pequeña.

Añadimos otra, más pequeña:
— ¿Y ahora?
— Esta es pequeña y ésta (la primera) es grande.

Añadimos otra, más grande:

— ¿Y ahora?
— Bueno, ahora ésta es más grande, y ésta (la primera) se ha quedado en medio…, es mediana (se pone muy orgulloso de saber esta palabra).

A través de este ejercicio, el niño ha empleado tres términos distintos para la misma flor: pequeña, grande, mediana: es lo que buscábamos.

Hemos realizado pequeñas historietas cómicas para que los niños utilicen expresiones de este tipo. Vean un ejemplo, con «más alto que tú, el más alto», etc.

Encontrarán ejercicios de seriación que podemos verbalizar en el capítulo 9 del libro **Niños pequeños en acción** (op. cit.) dedicado precisamente a esa actividad lógica.

Asociaciones gramaticales

Aunque estos ejercicios estén a medio camino entre la semántica y la morfo-sintáctica, los hemos introducido en este capítulo por entender que el mecanismo estimulado, en el niño, es más léxico que estructural.

Otra vez se trata de ejercicios de preguntas-respuestas:

Buscar verbos: «Búscame tres cosas que pueda hacer un pájaro» (o un niño, una foca, un coche, la boca…). «Tres cosas que no pueda hacer un perro».

Buscar sujetos: «Dime tres animales o personas que puedan cantar») (o saltar, hablar, comer, correr, nadar, brillar, vivir en un nido…). «Tres animales que no puedan volar».

Buscar objetos: «Píntame tres cosas que se puedan comer» (o pintar, comprar, mirar, limpiar…). «Tres cosas que no se puedan comer».

Buscar complementos: «Dime tres sitios donde se pueda dormir» (o comer, pasear, jugar…). «Tres sitios donde no hay agua» (o donde no se pueda pisar). «Dos días en que recibes regalos». «Tres cosas con las que se puede comer» (o pintar…).

Al igual que en juegos anteriores, conviene estimular la rapidez de evocación, pero sin angustiar a los niños, sino bajo la forma de un juego-concurso.

Prohibido nombrar o la preparación a las definiciones

Vamos a disponer una serie de objetos frente a los niños y en primer lugar, para que entiendan el juego, voy a pedir que los vaya cogiendo de uno en uno pero sin denominarlos directamente. Voy a decir, por ejemplo:

— Coge lo que sirve para comer.
— Coge el animal que nos da leche.
— Coge lo que sirve para escribir.
— Coge lo que sirve para protegernos cuando llueve, etc.

Después, los niños volverán a colocar los objetos en el suelo y, por turno, deberán indicar lo que yo tengo que colocar en la mesa, pero sin decir cómo se llama.

Otro día, volveré a plantear la situación con otros objetos y sin la primera fase de ejemplo.

Otra posibilidad consiste en dibujar cosas en la pizarra y hacer que los niños se indiquen entre sí, por parejas, cuál es el dibujo que deben borrar, pero siempre sin nombrarlo.

Para que los niños no se inclinen siempre hacia los objetos más fáciles, puede intervenir, indicando al niño que debe hablar cuál es el objeto que quiere que se borre (con un gesto o diciéndoselo al oído).

La variante de complejidad está evidentemente en el parecido de los objetos: cuanto más parecido sean los objetos, más información deberá dar y más precisión deberá tener la definición.

Ser capaz de explicar en qué consiste un objeto, un animal o una persona sin nombrarlo es justamente la esencia de una definición y estos juegos la van preparando precozmente.

Jugar con la frase
(organización morfo-sintáctica)

Vamos a referirnos, como siempre, al desarrollo espontáneo de las estructuras sintácticas para encontrar en él las directrices básicas de nuestro trabajo.

A partir de la percepción de modelos y de los intentos progresivos de adaptación de las construcciones personales es como el niño consigue, poco a poco, asimilar las estructuras correctas de su idioma.

Hay que insistir otra vez sobre el mecanismo de «feed-back»: el niño puede adaptar sus propias expresiones y enriquecerlas únicamente gracias a las respuestas de los demás a sus propias verbalizaciones, a través de su evolución madurativa.

Importa menos proporcionarle modelos rígidos que dejarle buscar (ayudándole acaso) una formulación que corresponda a lo que quiera, siente o piense; las intervenciones deben hacerse «a posteriori», devolviendo al niño su propio mensaje, corrigiendo o ampliando aquellos elementos que no ha podido superar.

Cuando descubre que, según las variaciones, ciertas palabras se mantienen y otras desaparecen o cambian es cuando el niño descubre el valor de la sintaxis.

La sintaxis es un elemento fundamental en la valoración del lenguaje de un niño, como lo demuestran estudios comparativos, que indican que las diferencias más significativas (entre niños de nivel intelectual diferente o entre niños de nivel socio-cultural diferente) se sitúan en el nivel sintáctico de su discurso. La amplitud del vocabulario o la perfección fonética son elementos secundarios. Pero si el nivel sintáctico es pobre, el lenguaje evoluciona poco y, en consecuencia, la evolución del pensamiento verbal se limita.

En comparación con los aspectos tratados anteriormente (la fonética y la semántica) es en la sintaxis donde tiene más importancia el segundo de los mecanismos de integración: la imitación directa.

La estructura gramatical y sintáctica de un idioma es el fruto de una larga evolución histórica que marca, de una forma específica, cada idioma y lo estructura según unas leyes que, si bien tienen su justificación etimológica, resultan arbitrarias para la persona que habla: la colocación de cada palabra en la frase, las reglas de derivación... son modificaciones que el niño debe aplicar a la estructura lógica de su propio discurso.

Por ejemplo, una construcción espontánea y lógica de un niño de dos años podría ser: «ido papá coche». A partir de esta primera producción deberá aplicar leyes de colocación de acuerdo con el esquema del castellano, las estructuras de relación y las flexiones correctas para llegar a «papa se ha ido en coche». Pero no sabemos bien cuándo ni cómo aplica esas reglas.

Por otra parte, la «imitación directa», la que parte directamente de la expresión adulta, hace que el niño emplee ciertas fórmulas aprendidas globalmente y que contienen elementos sintácticos que no es capaz de utilizar correctamente fuera del contexto de un enunciado determinado.

Analicemos, pues, cuáles son los puntos más importantes que vamos a integrar en nuestro trabajo:

- Número y orden de palabras en la frase.

- Nexos.

- Flexiones (principalmente las flexiones verbales).

- La «conciencia sintáctica»: hemos dicho que, para hablar, el niño no necesita una verdadera conciencia activa de los elementos de su lenguaje. Dice Halliday: «el niño que descubre el lenguaje no tiene al principio ninguna conciencia de las palabras como constituyentes de los enunciados»[26]. Pero sí la necesita para escribir.

Un ejemplo: cuando un niño dice «esta ventana verde», no posee el conocimiento real de emplear tres palabras, ya que su enunciado corresponde a un solo objeto y se realiza fonéticamente sin pauta.

Pero para escribir «esta ventana verde» y no «estaventanaverde» o «es taventanaver de» tiene que ser capaz de un análisis consciente.

Normalmente, el niño llega a esta capacidad a través de la oposición entre las múltiples transformaciones que aplica a este enunciado: «la ventana azul, esta ventana roja, cierra la ventana...».

Sin embargo, de igual modo que hay niños que adquieren rápida y fácilmente una expresión oral correcta y otros que sólo consiguen estructuras elementales y con mucho

---

26. Citado por Bouton: **El desarrollo del lenguaje**, pág. 109.

esfuerzo, también hay niños para los que la utilización repetida de estas transformaciones no es suficiente para despertar la conciencia sintáctica a los cinco o seis años.

NUMERO Y ORDEN DE LAS PALABRAS

a) Ejercicios de comprensión morfo-sintáctica:

Hay que distinguir los ejercicios de comprensión semántica (donde buscamos que el niño entienda el sentido de las palabras) y los ejercicios de comprensión morfo-sintácticas (donde buscamos que entienda el sentido de una frase a través de su estructuración).

Se trata básicamente de ejercicios de realización de órdenes que se pueden integrar en actividades más globales de expresión dinámica o de psicomotricidad.

Por tanto, sólo señalaremos aquí los esquemas progresivos. También remitimos al lector a las distintas estrategias de comprensión descritas en la primera parte.

- Órdenes compuestas de dos proposiciones:
  — «Coge el lápiz que tiene Susana.»
  — «Coge el perró que levanta la pata.»
  Etcétera.

  (Procurando que la situación implique la comprensión de los dos términos de la orden: tiene que haber varias niñas con un lápiz en la mano y varios perros en posturas diversas.)

- Sucesión de órdenes (retención y sucesión temporal):
  — «Abre la boca y cierra los ojos.»
  — «Ráscate la oreja, coge un lápiz y apaga la luz.»
  — «Cierra el cuaderno, quítate los zapatos, súbete encima de la silla y canta una canción.»

  (Cuidado con la elección de las consignas, que no deben tener relación entre sí: en efecto, una orden como «coge el lápiz y ponlo encima de la mesa», en realidad, aunque tenga dos proposiciones, es una sola consigna, porque la segunda implica la primera).

- Variación en la sucesión temporal:
  — «Coge el lápiz y después cierra la puerta.»
  (Debe realizarse en el mismo orden cronológico que la frase.)
  — «Antes de levantarte abróchate la camisa.»
  — «Apaga la luz después de haber tirado el papel.»

(Debe realizarse en el orden cronológico inverso al de la frase.)

- Colocación de la palabra en la frase:

Se realizan los ejercicios mediante elección de dibujos.

— «Dame el dibujo donde el coche empuja al camión.»

— «Dame el dibujo donde el gato persigue al perro.»

— «Dame el dibujo donde el mono pega al pato.»

Con los mayores:

— «Dame el dibujo donde a un camión lo empuja un coche.»

— «Dame el dibujo donde un indio es perseguido por un vaquero.»

Se trata menos de «agotar» todas las posibilidades sintácticas (no estamos «construyendo» el lenguaje del niño) que de aprovechar algunas de ellas para hacer practicar al niño una verdadera gimnasia mental centrada sobre el lenguaje.

b) Ejercicios de construcción de frases:

Intentamos dar al grupo de niños determinados modelos de construcción sintáctica a partir de unos elementos gráficos, recalcando también las posibles variaciones del orden de las palabras.

Se parte de la realización progresiva de un dibujo, como en el ejemplo siguiente:

— ¿Qué es?
— ¡Un elefante!

— ¿Cómo es el elefante?
— Muy gordo.
— Vamos a decirlo todo junto (se enseñan los dibujos).
— Un elefante muy gordo.

— ¿Qué hace el elefante muy gordo?
— Se come una flor.
— Ahora todo junto…
— Un elefante muy gordo se come una flor.

— ¿Cuándo lo hace?

— Por la noche.

— Otra vez, todo lo que hemos dicho...
(Se designa con el dedo las distintas partes del dibujo en el orden: elefante, flor, luna.)

— Un elefante muy gordo se come una flor por la noche.

— Ahora de otra forma.
(Se designan los dibujos en el orden luna-elefante-flor.)

— Por la noche, un elefante muy gordo se come una flor.

— ¿Dónde se come la flor el elefante?

— Debajo de una palmera.
(Según el orden en que vamos a designar los dibujos, los niños van a decir:

«Por la noche, un elefante muy gordo se come una flor debajo de la palmera.»
O «Debajo de la palmera, por la noche, un elefante muy gordo se come una flor».
O «Debajo de la palmera, un elefante muy gordo se come una flor por la noche...».

Pensamos que los propios lectores pueden, como los niños, adivinar el contenido del dibujo siguiente, que ya implica la construcción de varias frases: lo importante es introducir un solo elemento a la vez y que este elemento sea representable gráficamente. Permite introducir estructuras con proposiciones subordinadas.

EL EMPLEO DE LOS NEXOS

Una sencilla observación de la mayoría de los nexos nos permite descubrir que casi todos contienen elementos concretos relacionados con el espacio (y, con, hasta, dentro, fuera…) y con el tiempo (y, antes, después…).

Vamos entonces a aprovechar los ejercicios de estructuración y espacio utilizados en psicomotricidad para, una vez realizados, añadirles una dimensión lingüística.

Veamos un ejemplo: disponemos unos aros en el suelo de la clase, reproduciendo también su colocación en el plano vertical, en la pizarra, como lo ven en este dibujo.

El primer ejercicio consiste en colocarnos donde está el pandero y realizar un desplazamiento, un recorrido más o menos complejo entre los aros: un niño, que ha observado el movimiento desde el mismo punto de salida (el pandero) debe efectuar el mismo trayecto.

Como primera preparación simbólica se utiliza la representación de los aros en la pizarra para pintar el recorrido que se ha hecho o el que se debe hacer.

Cuando los niños han integrado bien estos ejercicios a nivel perceptivo-motor, se introduce el lenguaje, primero desde un ejercicio de **comprensión**.

Un niño toma la salida y tiene que seguir nuestras explicaciones orales: «avanza hacia adelante, párate, mira hacia la ventana, colócate dentro del aro que está cerca de la pared, dale la vuelta y pasa detrás del aro que está cerca de la pizarra…, etc.». Podemos complicarlo y, al mismo tiempo, hacerlo más divertido introduciendo una consigna de atención: sólo pueden moverse si añadimos la expresión «ya» o «vale» a la consigna.

Después pasamos a un ejercicio de **expresión** donde trabajan una pareja de niños, uno que manda y otro que realiza las órdenes.

Finalmente, podemos complicar el asunto introduciendo un factor de memorización.

Nosotros realizamos un recorrido a la vista de un niño, mientras otro se esconde detrás de la puerta; una vez terminado, el primer niño realiza a su vez el mismo recorrido. Si lo hace bien, llamamos al otro niño y el primero tiene que mandar con palabras, sin usar los gestos, los movimientos del segundo para que realice el mismo recorrido.

Si cambiamos los aros por sillas, introduciremos las variantes de «encima» y «debajo» en vez de «dentro» y «fuera».

También es posible incorporar consignas como: entra **por…**, sal **por…**, mete **en…**, **por…**, etc.

En este ejercicio creemos que se ve muy bien el tipo de actividad que debemos aprovechar: plantear o aprovechar una situación para que el niño preste atención y emplee de forma intensiva un determinado tipo de palabras o de estructuras.

En los diez minutos que puede durar el ejercicio, lo único importante de los mensajes han sido justamente los nexos, objetivo del trabajo.

Otro ejemplo: **comprensión**.

Por turno mandamos a los niños a pintar cosas en la pizarra, precisando su colocación:

«Antonio, pinta un sol. Julio, una casa debajo del sol. Eva, un árbol al lado de la casa. Carmen, una flor debajo del árbol. Luis, un coche al lado de la flor y debajo de la casa…», hasta obtener un conjunto como el siguiente:

Expresión: ahora, los niños deben mandarse uno al otro borrar uno de estos dibujos con la prohibición de nombrarlo directamente. Tienen que decir, por ejemplo:

«Borra lo que está debajo de la casa»; ya que han podido escuchar los modelos en la primera parte del ejercicio, no les cuesta demasiado.

En la construcción de frases, empleo de nexos y flexiones hemos señalado ya la importancia de la imitación directa de estructuras adultas.

En el capítulo dedicado a la imitación directa, encontrarán material relacionado con este aspecto.

Unos «nexos» particulares, que contienen una gran posibilidad de trabajo mental y lingüístico, son los que se refieren a la organización derecha-izquierda, tanto bajo la forma de adverbios como de locución preposicional.

Nosotros seguimos la progresión siguiente:

- Derecha e izquierda en el propio esquema corporal:
  — Disociación lateral sobre el eje corporal: ejercicios de psicomotricidad basados sobre la disociación lateral (imitación de movimientos y posturas asimétricas, actividades realizadas sólo con una parte del cuerpo…).
  — A partir de estos ejercicios, introducción de los términos derecha e izquierda, en general partiendo de una referencia externa (el lado de la pizarra, el lado de la puerta), pero cuidando mucho de que esa referencia no sea rígida; cambiando

de posición, la mano derecha será sucesivamente la mano de la puerta, de la ventana, del armario…, etc.

Ejercicios de **comprensión:** ejecución de órdenes verbales (levantad la mano derecha, levantad el pie derecho, cerrad el ojo izquierdo, colocad la mano derecha encima de la oreja izquierda…, etc.), sobre el propio cuerpo de los niños o sobre una silueta pintada en un papel (pinta de rojo la mano derecha, de azul la oreja izquierda…).

Ejercicios de **expresión:** las mismas órdenes pero dictadas por los niños, procurando que el niño que manda esté en la misma posición que los demás, para no exigirle una inversión de la que no es capaz todavía.

- Derecha e izquierda en proyección sobre los objetos y la dirección del desplazamiento:

En esta etapa, es preciso utilizar objetos no orientados, es decir, que no tengan orientación propia: valen pelotas, casas, árbol, flor, aro, pero no animales ni vehículos ni muebles en los que se pueda uno sentar.

Ejercicios de comprensión: A la pizarra; órdenes: «pinta un sol a la derecha de la casa, un árbol a la izquierda de la estrella…».

En el espacio, se le plantea por primera vez una situación clara de relatividad de los conceptos de derecha e izquierda.

Colocamos cuatro niños y un taco de madera, como lo indica el dibujo siguiente:

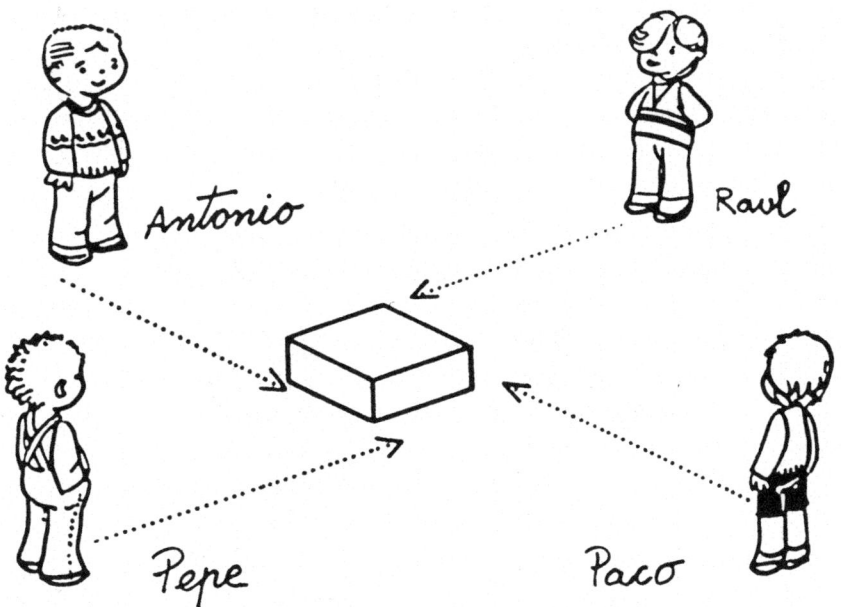

Les damos estas consignas:
- «Raúl, colócate a la derecha del taco. Vuelve a tu sitio.
- Paco, colócate a la derecha del taco. Vuelve a tu sitio.
- Antonio, colócate a la derecha del taco. Vuelve a tu sitio.
- Pepe, colócate a la derecha del taco. Vuelve a tu sitio.
- Ahora, todos a la vez, colocaros a la derecha del taco».

Con la misma consigna, los cuatro niños se van a encontrar situados en cuatro puntos distintos.

Ejercicios de expresión: dos niños colocados al principio de una fila de tacos; uno de ellos tiene que mandar verbalmente al otro realizar un recorrido que le hemos entregado pintado en un papel, utilizando los términos derecha e izquierda.

Introducción a la reversibilidad: es el último punto que se puede trabajar en preescolar, porque el acceso a la reversibilidad corresponde normalmente a niños de siete u ocho años.

Nosotros y todos los niños tenemos un papel blanco en la mano derecha (o una goma ancha alrededor de la muñeca…). Nos colocamos primero de espaldas y les pedimos que imiten una serie de movimientos asimétricos.

Al cabo de un rato, les avisamos de que vamos a darnos la vuelta, que ellos no deben moverse de su sitio y que no vamos a cambiar el papel de mano.

Les recalcamos el hecho de que aparentemente el papel está del otro lado, pero que, en realidad, está en la misma mano que antes, ya que no lo hemos cambiado.

Después de esta pequeña explicación, volvemos al ejercicio de imitación de posturas, insistiendo en que lo que se hace con la mano «de papel» se debe imitar con la mano «de papel», y viceversa.

A través de este ejercicio, integran poco a poco esa inversión psicomotriz que resulta de la superación de la percepción inmediata por el razonamiento objetivo.

* * *

Otro ejemplo de trabajo posible sobre la comprensión y expresión de la estructura sintáctica lo constituyen estos dos juegos en torno a la palabra «no».

El primero consiste en pedir a todos los niños que se levanten y se junten en el centro de la clase. Les explicamos que vamos a ordenarles cosas y que deben hacerlas con rapidez pero deben tener cuidado porque, de vez en cuando, vamos a decir cosas que **no deben hacer** y, entonces, deben quedarse quietos:

Iremos entonces diciendo:

> Levantad las manos
> Bajad las manos
> Abrid la boca
> No saltéis
> Avanzad dos pasos
> No cerréis los ojos… etc.

Empezando despacio, iremos acelerando el ritmo, haciendo seguir las consignas con más rapidez.

La otra actividad comprensiva consiste en disponer una serie de materiales en el suelo, delante del grupo de niños, y pedir que nos los vayan trayendo, utilizando exclusivamente frases negativas o alternándolas con frases afirmativas:

> Tráeme una cosa que **no** sea roja
> Dame lo que **no** se puede comer
> Dame los tres juguetes que **no** tienen ruedas… etc.

Al cabo de un rato, podemos pedir a un niño que nos sustituya, explicándole que, siempre que nos pida algo, debe utilizar la palabra «no». También podemos hacer lo mismo con el juego anterior donde, además, de la palabra «no» se entrenarán al uso de la forma imperativa negativa que tiene una característica específica en castellano ya que implica un cambio en la flexión del verbo (Salta - No saltes).

EL EMPLEO DE LAS FLEXIONES

Generalmente (salvo casos como el ejemplo anterior) el empleo de las flexiones verbales implica un desarrollo cronológico o una concordancia que no se puede limitar al trabajo de la frase: volveremos entonces sobre este tema al tratar del discurso.

LA CONCIENCIA SINTÁCTICA

El objetivo principal de este punto es llevar a la conciencia del niño el hecho de la existencia de las palabras para que, después, en su escritura, sea capaz de poder discernirlas y separarlas.

La técnica principal es la del grafismo. Utilizamos para ello una forma de simbolismo.

Partimos del dibujo siguiente:

— ¿Qué pasa en este dibujo?
— Es un niño que mira una manzana.
— Muy bien; ahora vamos a aprender una nueva forma de pintar esto: a ver si me podéis ayudar. ¿Quién está mirando?
— El niño.
— Bien, vamos a pintar la cara de este niño.

— ¿Y qué hace el niño?
— Mira la manzana.
— ¿Con qué mira la manzana?
— Con los ojos.
— Bueno, entonces para decir «mira», lo pintamos así, con dos ojos. Esto quiere decir «el niño mira». ¿Vale?

(Hay que explicar esta técnica las veces que hagan falta, pero, en general, lo entienden muy bien.)

— ¿Y qué mira?
— La manzana.
— Bien, vamos a pintar la manzana.
— Ahora tenemos la frase (se van indicando los dibujos con el dedo) «el niño mira la manzana».

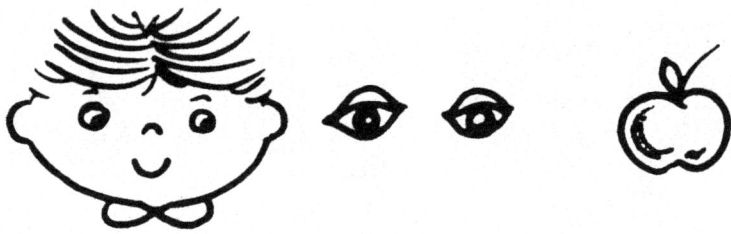

— Bien, ahora tú, Antonio, vas a borrar un dibujo y pintar otro para que esta frase diga: el niño mira la pera.

(El niño, si lo entiende, lo cambia para obtener):

— Ahora, Isabel, va a pintar la frase: la niña mira la pera.

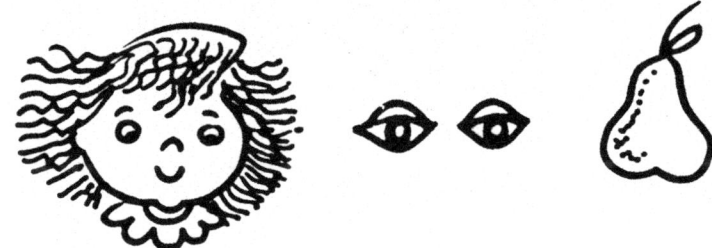

— Ahora, Jorge, va a pintar la frase: la niña coge la pera.
(Esto es un poco más difícil, porque a lo mejor entiende el simbolismo, pero no puede crearlo; entonces se le ayuda con la pregunta):

— ¿Con qué se cogen las cosas?

A partir de este tipo de ejercicios, vamos a plantear a los niños situaciones en las que ellos mismos deben inventar los cambios que van a introducir en las frases, con la única condición de cambiar sólo un elemento de cada vez.

Veamos un ejemplo donde se puede observar la «frase inicial» y los cambios sucesivos realizados por niños de cinco años:

Hay que darse cuenta de que este ejercicio implica, por parte del niño, la comprensión intuitiva de lo que es un sustantivo o un verbo: si borra el dibujo de «mira», para que la frase tenga sentido, tiene que pintar algo que corresponda a otro verbo: «coge», «come»…

Si se equivoca, por ejemplo si pone un sustantivo como «pera», se le deja terminar y después se le hace leer lo que ha escrito: «el oso la pera la manzana…»; en este momento se da cuenta de que no tiene sentido: con algunas preguntas: «¿qué puede hacer el oso con la manzana?», se le va ayudando a completar la frase.

También se puede realizar este ejercicio con dibujos móviles para que sea más rápido y, también, para integrar más el conocimiento de la dirección izquierda-derecha.

Por ejemplo: le damos estos tres dibujos en desorden:

le decimos: vas a colgar estos dibujos en la cuerda para hacer la frase: «el niño mira a la niña»,

y ahora cambia los dibujos para que la frase sea: «la niña mira al niño».

Aquí se puede producir una reacción: el alumno no cambia los dibujos, pero empieza a leer la frase de derecha a izquierda. Entonces debemos explicarle que la lectura se hace siempre en el mismo sentido y que se debe empezar por la izquierda. Normalmente, como esta técnica se ha iniciado por ejercicios de «lectura», los niños están ya condicionados a respetar la direccionalidad izquierda-derecha.

La frase siguiente presenta el mismo problema, pero algo más complicado, porque, para pasar de:

«el coche de papá empuja al camión del frutero», a

«el camión del frutero empuja al coche de papá»,
hace falta cambiar dos grupos de dos palabras.

El niño ve de esta forma que ciertas palabras van juntas, porque se refieren al mismo objeto y, por tanto, cuando una cambia de sitio la otra debe seguirla; sin embargo, se representan en dibujos separados.

La técnica gráfica permite; en cualquier momento, ayudar al niño a descubrir sus errores: por ejemplo si, imitando el ejercicio anterior, sólo cambia coche y camión, le invitamos a que lea su frase y rápidamente (el coche del frutero... «¡anda, me he equivocado!») se corrige.

Una vez aprendido el mecanismo de transcripción, que resulta en general divertido para los niños porque descubren como una especie de «clave secreta», se completa la actividad con sencillos ejercicios de «dictado», con el objetivo de conseguir una verdadera capacidad de análisis y de estructuración espacial gráfica orientada de izquierda a derecha.

Frases que se pueden emplear son, por ejemplo:
— el niño mira el zapato;
— el perro mira la pelota roja (observamos si son capaces de separar, en este ejercicio, el color de la forma);
— el oso come una manzana verde;
— papá coge un lápiz;
— el niño pisa la hormiga;

— mamá escucha un disco;

— el coche de papá sube por la carretera;

— el niño se come el pan de la niña; etcétera.

No se trata de simbolizar todas las frases, sino de hacer descubrir un mecanismo que iremos generalizando a medida que el niño aprenda a leer y a escribir, introduciendo globalmente algunas palabras escritas como el, la, de, al, en…

En efecto, en 1.º ó 2.º de Primaria se podrá volver a utilizar esta técnica para separar las palabras de una frase. Se parte de las palabras «llenas» (sustantivos, verbos, adjetivos) para aislarlas: las que quedan son las palabras «vacías» (artículos, preposiciones, conjunciones). Utilizando el ejemplo anterior, se obtendría:

Sin embargo, esta técnica, basada en un razonamiento de comprensión, no nos permite hacer la separación entre grupos de palabras «vecinas» como «a la», «de mi», «en eh»…, e incluso, entre grupos como «es el», «está en», donde el verbo, normalmente palabra «llena», presenta un nivel de abstracción que no permite su análisis por un niño tan pequeño.

Para estos casos, juega un papel fundamental la memoria visual de las lecturas, donde el niño adquiere modelos de reproducción. Pero también se le puede hacer descubrir estos mecanismos a través de una oposición de frases.

Supongamos que el niño escribe:

— el coche demi abuelo corre mucho.

Le vamos a dictar, debajo, otra frase como ésta:

— el coche detu abuelo corre mucho.

Le preguntamos:

— ¿Esta frase quiere decir lo mismo?

— No.

— Entonces, busca lo que ha cambiado en la frase para que tú sepas que no dice lo mismo.

Entonces descubre que el cambio esencial de significado se basa en la modificación de «mi» y «tu»: quiere decir que «mi» y «tu» son palabras y tienen que escribirse separadamente.

Volviendo al lenguaje oral y a los niveles de pre-escolar, se pueden hacer ejercicios de modificación de una palabra en la frase sin recurrir al dibujo:
— Escuchad lo que os digo: el ratón se come un queso. ¿Quién puede repetir la frase, cambiando sólo una palabra?».

La experiencia nos ha demostrado que la mayoría no son capaces de aislar todas las palabras: se obtiene, en el mejor de los casos, «el niño se come el queso» o «el ratón bebe agua»... Esto es muy natural, porque, como hemos explicado al principio, el niño de cinco años no es consciente de la existencia de estos elementos: tiene que descubrirlos. El recurso gráfico, que no requiere ninguna habilidad especial porque son dibujos muy sencillos, es el que nos da mejores resultados.

De todos modos, para las maestras que no se fían de sus propias capacidades gráficas, pueden inspirarse en un material individual que hemos diseñado para la reeducación logopédica y que se basa en estas actividades[27].

Jugar con las frases
(organización del discurso)

Combinar frases para expresar un conjunto de hechos e ideas supone la coordinación de numerosos mecanismos cognitivos y lingüísticos.

Nos centraremos en estas páginas en el **discurso narrativo** que constituye casi la totalidad de los discursos largos de los niños durante la etapa preescolar.

Si observamos el discurso espontáneo de un grupo de niños (por ejemplo, si les pedimos que nos cuenten una excursión que han hecho o una actividad que hemos realizado el día anterior), podemos sacar algunas conclusiones:

- Si la situación ha sido motivadora, los niños presentan realmente una retención bastante alta e incluso, se acuerdan de cosas o acontecimientos que se nos han escapado.

- El niño no intenta contar «todo el suceso», sino que enumera una serie de detalles aislados y la sucesión responde generalmente a la importancia afectiva de los contenidos: primero citan lo que más le ha llamado la atención y sólo después buscan otros elementos.

De esta observación, que cualquier maestra puede llevar a cabo, vemos que, desde el punto de vista estructural, lo que al niño le cuesta es tener en cuenta al interlocutor y **estructurar cronológicamente** su discurso. Es una dificultad que se presentará todavía

---

27. Monfort-Juárez: **Tren de palabras.** Madrid, CEPE,

durante varios años, como queda patente en las narraciones escritas de los niños de ocho y diez años, pero es un aspecto que se puede ir preparando desde el preescolar.

La justificación de este objetivo es fundamentalmente el aspecto social de la comunicación: hablar no sólo sirve para representarme la realidad, sino también para transmitirla a los demás, lo que requiere la consecución progresiva de una actitud «objetiva», que tenga en cuenta la información que poseen los demás.

Para trabajar ese objetivo de ordenación y correlación cronológica del discurso narrativo, nos vamos a valer de un hecho señalado por varios autores y comprobado experimentalmente por nosotros: el paralelismo entre el desarrollo de la narración oral y de la narración gráfica.

En un estudio sobre niños de 4 a 8 años[28] observamos cómo la construcción cronológica de la narración oral presentaba una evolución muy similar a la que ofrecía la narración gráfica, al pasar de la utilización del dibujo único (típico de los niños de 4-5 años) a la utilización progresiva de una estructura de viñetas (sistema de «comic»). Como muestra, vean el gráfico siguiente donde aparecen dos curvas: una que representa el grupo de niños capaz de estructurar cronológicamente una narración oral y la otra que representa el grupo de niños que utilizan la técnica del «comic» en sus narraciones gráficas.

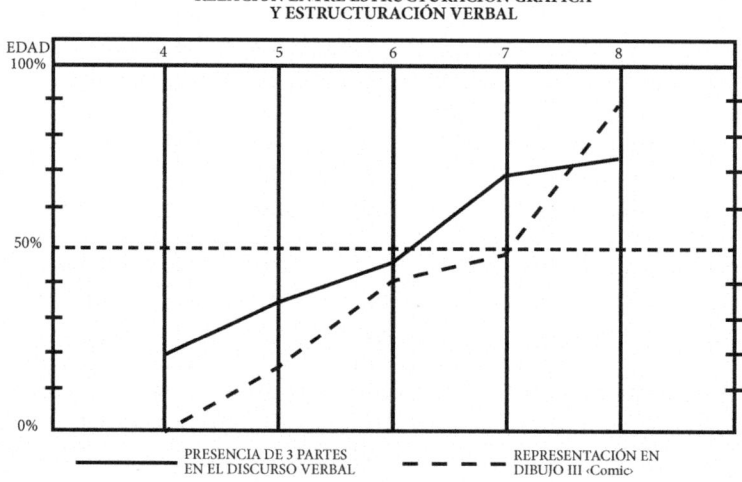

Para una actividad colectiva, la narración gráfica ofrece la ventaja de su estabilidad y de su manipulabilidad: vamos a aprovechar esas características para tratar de influir en la narración oral a través del «comic» gráfico.

---

28. M, Monfort: «El desarrollo de la noción de tiempo a través de la narración gráfica» en M, Monfort/ed,): **Los trastornos de la comunicación en el niño.** Madrid, CEPE, 1982,

Las series lógicas o historietas

Se trata de un material que existe ya en varias publicaciones de material pedagógico y juegos didácticos: son historietas representadas en varios dibujos que hay que ordenar en función del desarrollo cronológico de la historia.

Presentamos aquí cuatro ejemplos, clasificados por orden de complejidad, en función de la justificación básica de la historia.

Consigna: Una vez mezcladas las láminas, el niño tiene que construir la historia: al final, se le pregunta el porqué de la conclusión.

Primera serie: «El pinchazo»:

La causa es un objeto concreto exterior al personaje, que se puede ver en el dibujo (el clavo). No hay «huecos» en el desarrollo de la historia.

Segunda serie: «La lluvia»:

La causa es algo concreto, exterior al personaje, pero que no se ve en el dibujo (lluvia o charco o piscina…).

Tercera serie: «El gordo y el flaco»:

La causa es algo concreto, perteneciente a la esencia de un personaje.

Cuarta serie: «El plátano»:

La causa es un concepto abstracto, exterior a la historia (para que no se caiga alguien, para dejar el parque limpio…).

Estos ejercicios permiten:

- Una estructuración mental del tiempo.

- Una estructuración espacial orientada de izquierda a derecha.

- Una estructuración cronológica de un discurso, cuando se pide al niño que cuente la historia que ha construido.
    — Primero, con la ayuda de los dibujos.
    — Segundo, de memoria, sin los dibujos.

El trabajo de flexiones dentro de las series lógicas

Una vez construida una serie lógica, vamos a hacer al niño una serie de preguntas con el objetivo de estimular una formulación verbal que implique la utilización de la noción de:

— tiempo presente,
— tiempo pasado,
— tiempo futuro,
— tiempo hipotético.

Veamos un ejemplo:

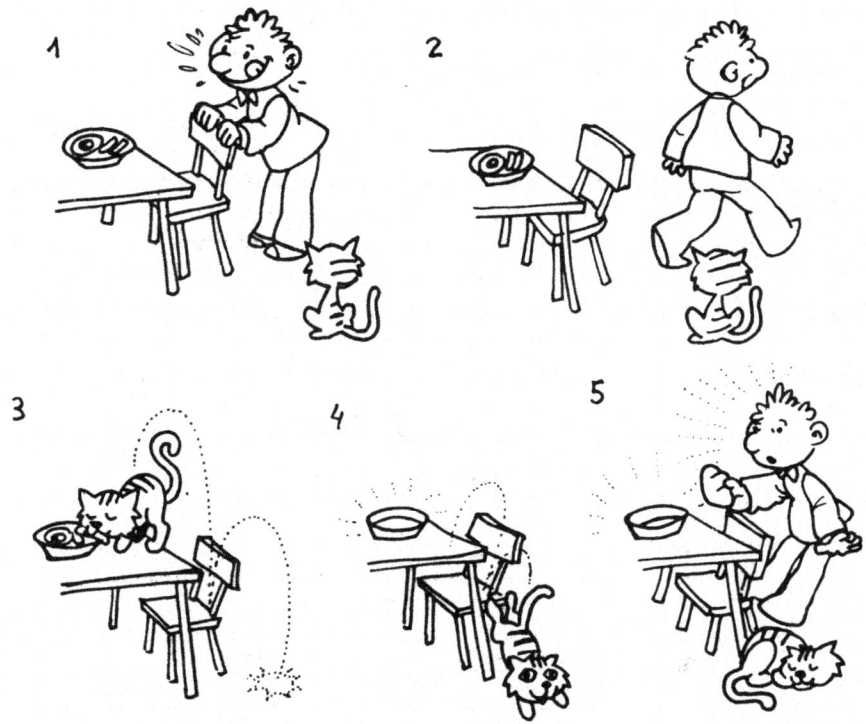

Enseñando el dibujo 3, preguntamos:
— ¿Qué hace el gato?
— Está comiendo la cena del chico.

Enseñando el dibujo 5, preguntamos:
— ¿Por qué está enfadado el chico?
— Porque el gato se ha comido su cena.

Enseñando el dibujo 2, preguntamos:
— Aquí el gato está mirando. ¿Qué va a hacer luego?
— Se va a comer la cena del chico.

— ¿Y si el chico no se hubiera ido a buscar pan?
— Entonces el gato no se habría comido nada.

Hemos llevado a los niños a producir cuatro flexiones verbales sobre el mismo verbo gracias a una situación planteada progresivamente: hemos conseguido una primera expresión espontánea que nos da pie a introducir **naturalmente** nuestro «feed-back» correctivo en los casos en que el niño no llegue a superar la dificultad, o por insuficiente estructuración temporal.

— ¿Por qué está enfadado el chico?
— Porque el gato se come la comida.
— Aquí en este dibujo (el 5), ¿tú ves al gato comiendo?
— No, en éste de antes.
— ¡Ah!, en éste de antes el gato **estaba** comiendo, entonces el chico está enfadado en este dibujo porque antes el gato **se ha comido** su cena.

O por desconocimiento de la flexión correspondiente (caso de formas irregulares, como «rompido», «vacido», «escribido», «hacido»...), que no se debe corregir resaltando el error, sino aprovechando su emisión para acompañarla de un «feed-back» correctivo, donde nosotros empleamos la formulación adecuada.

En relación con la utilización de flexiones verbales ligadas al tiempo están también los nexos «antes que», «antes de», «después que», «después de», que podemos introducir a través de la colocación y ordenación cronológica de una serie de acciones (unidas o no unidas entre sí).

Fase de comprensión:

a) Se reparten cartones con los dibujos a un grupo de niños. Deben ir colocándolos de izquierda a derecha en función de las consignas de la maestra: —«El niño está pescando. Antes de pescar, ha jugado un poco con un balón. Después de pescar, vuelve a casa y mira la tele. Antes de mirar la tele, cena...».

b) La maestra hace una serie de preguntas: «¿qué hace el niño después de..., antes de...», «qué hizo el niño antes de, después de...». Variante de complejidad: en vez de dar consigna por consigna, la maestra puede darlas por grupos de dos, tres o cuatro acciones.

Fase de expresión: un niño ocupa el lugar de la maestra con otra serie de acciones. Para obligar al niño a que utilice tanto «antes de» que «después de», se utilizan dos series iguales: una le sirve de modelo al niño que habla (no la ven los que actúan). La maestra designa en esta serie lo que ella quiere que el niño vaya indicando.

No olvidemos, sin embargo, que las flexiones verbales indican otras cosas que el tiempo: los aspectos, es decir, ciertas características de la acción como su duración o carácter instantáneo... (Ver Monfort y otros, 1982).

Aplicación de la serie lógica al discurso espontáneo del niño: introducción al «comic»

Nuestro objetivo consiste en acostumbrar poco a poco al niño a introducir un orden cronológico en su discurso con la finalidad de que resulte más claro para los demás.

Partiremos de su discurso espontáneo y le aplicaremos las reglas de la serie lógica.

Ejemplo: El día anterior los niños han visitado el zoo (se escoge este ejemplo ya que es un discurso fácil de analizar para el niño, porque está compuesto de numerosos «momentos»); otro tema podría ser un cuento tradicional, por ejemplo).

Al día siguiente, con toda la clase, les pedimos que nos cuenten lo que hicimos: cosechamos una gran cantidad de «ideas» sueltas, y la mayor parte de ellas muy subjetivas.

Dividimos la clase en seis o siete grupos y cada grupo tiene que elegir una de las ideas planteadas (los leones, el autobús, la merienda, cuando Pepito se cayó al agua, las focas...).

Cada grupo deberá realizar, en una hoja grande, el dibujo de su tema: realmente no se piensa conseguir con niños tan pequeños un trabajo en equipo y lo que vamos a obtener es una hoja con cinco o seis dibujos entremezclados, pero probablemente con una riqueza media más alta que dibujos individuales: los niños van ayudándose con sus comentarios.

Se obtienen así seis o siete dibujos grandes, a veces bastante embarullados, por lo cual pedimos a cada grupo que explique a los demás lo que ha pintado.

Al día siguiente vamos a utilizar este material de la misma forma que hemos utilizado las series lógicas anteriores: vamos a clasificarlas («¿qué es lo que hemos hecho primero?, ¿y después...»).

Vamos a contar toda la historia con y sin dibujos.

Vamos, al final, a pedir a cada niño que se acuerde de la historia y que pinte todos los momentos en una sola hoja dividida en cuadros y en el orden en el que los hemos realizado hasta ahora.

El paso siguiente, pero que en general no se realiza antes de 1.º y 2.º de Primaria, es intentar que los niños, individualmente y sin ayuda previa, analicen una historia que se les cuenta y la construyan gráficamente.

La dificultad es variable, evidentemente, en función de la historia: representar en seis o siete dibujos a Caperucita Roja no es muy difícil, aunque la realización esté llena de sorpresas como éstas:

Dos dibujos que representan la secuencia:

«Caperucita Roja se va por un camino largo y el lobo por un camino corto.»

Resulta que, en el primero, hay dos casas y, en el segundo, los dos caminos llegan a la misma meta, pero no salen del mismo sitio.

Pero si se les cuenta un acontecimiento como el siguiente, pidiéndoles que lo pinten en una hoja dividida en cuatro cuadros, se obtienen resultados muy reveladores:

«Ayer me fui de paseo con mi coche por la sierra. Llegando a un cruce, me di cuenta de que venía un camión por el otro lado y que no frenaba. No pude frenar y chocamos. Tuve que llamar a una grúa para que se llevara el coche.»

Ninguno de los niños ha podido vencer la atracción que desde un principio ha sentido por la escena del accidente, y esto le ha impedido analizar cronológicamente el suceso; sin embargo, la escena central del choque sólo se describe con seis palabras, de las 45 que componen el «cuento».

El primero de los niños ha juntado todos los elementos, incluido la grúa, en el primer dibujo: es la respuesta más habitual, porque corresponde a la visión sincrética del niño de esta edad.

Al segundo le pasó lo mismo y resolvió la papeleta de los tres cuadros vacíos continuando la historia: la grúa se lleva el coche al garaje, lo arreglan y se va otra vez de paseo.

Partiendo de esto, se le da otra hoja, indicándole que, ahora, lo vamos a hacer **«de otra forma»**.

> **Primer dibujo:** Preguntamos: «¿Dónde ocurrió el accidente?».
> Los niños pintan la sierra y la carretera.
>
> **Segundo dibujo:** «¿Quiénes tuvieron un accidente y dónde?».
> Los niños pintan un cruce con un coche y un camión.
>
> **Tercer dibujo:** «¿Qué es lo que pasó?».
> Los niños pintan el accidente.
>
> **Cuarto dibujo:** «¿Qué pasó después del accidente?».
> Los niños pintan el coche y el camión y también la grúa.

Se intenta llevar a los niños al descubrimiento de una progresión «introducción-desarrollo-desenlace», básica en cualquier narración.

Wallon ya señaló el paralelismo entre la expresión oral y gráfica, «el niño que emborrona y garabatea es también incapaz de ordenar sus pensamientos en frase».

Si los niños están en edad de escribir, se deja un espacio debajo de los dibujos para describir verbalmente cada escena. Si hay diálogo, se utilizan los «bocadillos»: otra ventaja del «comic» para introducir la diferencia entre el lenguaje hablado y escrito, entre «la niña dice a su mamá que le han robado la comba», y la «niña dice:

— Me han robado la comba».

Es una distinción difícil de enseñar a los niños de segunda etapa y, sin embargo, clarísima en el lenguaje de los «comics» que el niño conoce perfectamente,

* * *

Otro tema importante en el que el niño empieza a darse cuenta de la noción de tiempo es en la realización del calendario.

Tenemos por costumbre hacérselo realizar desde muy pequeños, a partir de los tres años.

Tres años:

La unidad empleada es la semana y el objetivo es concretar las distintas actividades del tiempo para que se pueda hacer un trabajo de observación y de razonamiento sobre él.

Tenemos un gran cartón dividido en siete columnas, cada una de ellas separadas con una franja negra y el dibujo de una luna (acuérdense de los niños que cuentan los días preguntando: «¿Cuántas veces dormir?»).

Todos los días, antes de empezar la clase, miramos por la ventana para ver qué tiempo hace, y los niños buscan en una caja el símbolo más adecuado entre los siguientes:

Esto se hace mañana y tarde y se colocan los símbolos en la columna correspondiente.

Al final de la mañana y al final de la tarde, decidimos entre todos cuál ha sido la cosa más importante que debemos recordar de lo que hemos hecho, y el maestro lo representa de alguna forma en la columna del día.

Esto permite disponer de una visualización del tiempo transcurrido y realizar actividades lingüísticas:

«¿Qué hemos hecho ayer? ¿Qué tiempo hacía?.. ¿Cuántos días hace que no ha salido el sol?..»

Incluso podemos trabajar sobre el futuro. Si sabemos que dentro de unos días hay algún acontecimiento particular (cumpleaños, fiesta, excursión) lo podemos ya pintar ligeramente con un lápiz y preguntar:

«¿Cuántos días faltan para talo tal cosa?»

En principio, el domingo y el sábado se dejan en blanco, al menos que un niño se acuerde con precisión de algo importante.

Cuatro años:

Se elimina la distinción mañana-tarde, normalmente ya superada y se completa la realización grupal por un calendario individual con los propios dibujos de los niños.

Se introduce oralmente los nombres de los días y se intenta hacer recordar a los niños sus actividades y el tiempo correspondiente al fin de semana.

Se intensifican las preguntas periódicas sobre nociones temporales (lo que permite un ejercicio de flexiones) y juntando las semanas, se llega a la noción de mes.

Aunque se presenten las denominaciones de los días y de los meses, no se insiste para que las memoricen obligatoriamente.

Cinco años:

El gráfico del calendario abarca ya todo el mes, se añaden globalmente el nombre gráfico del día y su número.

El trabajo sobre el mes entero permite unas preguntas sobre pasado y futuro a más largo plazo.

En estas dos últimas edades en las que existe calendario individual, los niños tienen libertad para añadir elementos personales, aparte del dibujo común elegido entre todos al final de cada día. Se obtienen así, a veces, de niños particularmente negativos, calendarios que son casi diarios íntimos.

El hecho de poder «ver» y «hablar» de cosas realizadas hace varios días e incluso semanas tiene un efecto estructurador de gran importancia.

LA IMITACIÓN DIRECTA

Cuando hablamos de la adquisición del lenguaje, hemos comentado que, en todas las culturas del mundo, los padres y demás familiares de los niños pequeños, especialmente entre los 2 y los 4 años, dedican un cierto tiempo a enseñarles directamente pequeños juegos verbales, nanas, canciones cortas, retahílas.

Es una actividad con una enorme carga afectiva naturalmente, pero que, además, presenta varias ventajas a nivel de la adquisición del lenguaje: en muchas ocasiones, contienen palabras, flexiones, estructuras sintácticas que el niño aún no conoce o no emplea en su lenguaje cotidiano. Su utilización en imitación directa puede suponer una cierta preparación «forma») a su aprendizaje real que pasará por supuesto por su experimentación comunicativa.

Por otro lado, estos juegos de imitación directa constituyen unas actividades de entrenamiento a la memoria auditiva, el sentido del ritmo y de la entonación que difícilmente podríamos programar fuera de su contexto.

Hemos recogido de la tradición infantil y de varias publicaciones dedicadas al tema algunos ejemplos, proponiendo para su utilización en el aula de preescolar algunas orientaciones.

En nuestra opinión, la gran cantidad de canciones, prosodias infantiles, juegos de corro... existentes en España debería representar para la maestra como un baúl de recursos para ir sacando lo que necesita en función del desarrollo de su clase, en función de su aplicación al centro de interés.

Para fijar un léxico

Hemos visto en la sección dedicada al aprendizaje de nuevas palabras, cómo éstas deben surgir de la experimentación y de la propia necesidad del niño, pero no debemos desechar por ello la posibilidad de fijar ciertas adquisiciones presentadas de este modo con la ayuda de alguna actividad de imitación directa.

Por ejemplo, habíamos desarrollado algunos juegos para jugar con las palabras que se refieren a las distintas partes del cuerpo (ver capítulo anterior).

Un colofón a estos juegos podría ser la siguiente canción del profesor Georges Buytarck: se trata de mantenerse totalmente inmóvil para cantar lo siguiente:

Cantar me gusta a mí.
Bailar me gusta a mí.
Bailar me gusta a mí.
Cantar me gusta a mí.
Cantar me gusta a mí.
Bailar me gusta a mí.
Bailar me gusta a mí,
Cantar me gusta a mí.

Después, la maestra dirá, como una letanía:
— «Con el pulgar derecho» al mismo tiempo que moverá ese dedo. Los niños lo repetirán, imitando el movimiento.

A continuación, se vuelve a cantar la canción, «bailando» exclusivamente con el pulgar derecho.

Después, se hace lo mismo, por ejemplo:
— «Con el codo izquierdo».
— «Con la rodilla derecha». etc.

Cada vez, se adjuntan más movimientos hasta que casi todo el cuerpo esté bailando.

Para ver si los niños se acuerdan de las palabras, al momento de repetir otra vez las consignas, la maestra puede decir.

— «Con el...» iniciando el movimiento con la parte del cuerpo correspondiente para ver si los niños pueden completar la frase.

Para cada edad, se puede simplificar o complicar la terminología empleada (derecha e izquierda por supuesto sólo se empleará con los más mayores).

Otro ejemplo clásico es el de la canción «A mi burro, a mi burro, le duele la garganta, el médico le ha puesto una bufanda blanca...», que podemos asociar perfectamente tanto con el tema de las partes del cuerpo como con el tema de la ropa. (Ver la variante de «Soy un gallo y no tengo frío», en C. Sanuy y otros, 1981).

En la obra ya citada anteriormente de Montse Sanuy, las maestras encontrarán, incluyendo músicas y cassettes, un gran número de canciones, muchas de ellas originales, de fácil aplicación a la fijación del léxico.

Escogeremos como botón de muestra esta canción relacionada con el tema de las frutas.

> El higo está en la higuera,
> la pera en el peral,
> naranja en el naranjo,
> los niños, a jugar.
>
> Todas las frutas me gustan a mí:
> el higo, la pera, naranja y FIN.
>
> El higo...

Se puede seguir la canción completándola con más nombres de frutas y de árboles.

Tenemos una afición especial para aquellas canciones y prosodias «absurdas» donde existe una lógica puramente lingüística independiente de la lógica concreta de las cosas.

> Yo conocí a un herrero
> Que hacía espadas
> Y su mujer cosía
> Todas las vallas
> Ella hilaba
> Le ganaba, bebía vino
> Con el pie cerraba la puerta
> Y daba la sopa al niño
> Con el pie cerraba la puerta
> Y daba la sopa al niño.
> **(Tres y cuatro años)**

O ésta:

> La calle ancha de San Bernardo
> Tiene una fuente con doce caños
> Las ricas aguas son de Lozoya
> Para las chicas de Zaragoza
> En Zaragoza, que ha sucedido
> La torre nueva que se ha caído
> Si se ha caído que la levanten
> Dinero tienen los estudiantes
> Los estudiantes no tienen nada
> Sólo los cuartos para ensalada
> La ensalada estaba dulce
> Que se la coman los andaluces
> Los andaluces no tienen culpa
> Que los chiquillos sean granujas.
> **(Cuatro años)**

A los juegos meta-lingüísticos que hemos descrito en la sección de «Jugar con palabras», podemos añadir ahora las famosas **adivinanzas**, juego tradicional presente desde siempre en las clases de niños pequeños y para el que existen cientos de ejemplos, de lo más sencillo a lo más complejo.

En su esencia, una adivinanza es una forma de definición.

> Sube cargada
> Baja sin nada.
> (la cuchara)

> Hojas tengo y no soy árbol
> Lomo tengo y no soy caballo.
> (el libro)

> Choco me llamo de nombre
> Late mi corazón
> El que no sepa mi nombre
> es un gran borricón.
> (el chocolate)

> Alto, alto
> Como un pino
> Y pesa menos que un comino.
> (el humo)

> Cuál es el animal
> que es dos veces animal.
> (el gato, porque es gato y porque araña)

> Tengo cuatro patas
> Pero no ando nada.
> (la mesa)

> Entre dos paredes blancas
> Hay una flor amarilla
> Que se puede presentar
> A la reina de Castilla.
> (el huevo)

Para los pequeños, una simple descripción es suficiente y les permite así adivinar directamente la respuesta:

«Tengo cuatro patas y me gustan los huesos, ¿quién soy?»

Una poesía puede contener directamente una estructura de asociación semántica.

> La plaza tiene una torre
> la torre tiene un balcón
> el balcón tiene una dama
> la dama una blanca flor
> Ha pasado un caballero
> —quién sabe por qué pasó—
> se ha llevado la plaza,
> con su torre y su balcón
> con su balcón y su dama
> su dama y su blanca flor.
> A. Machado

Para fijar estructuras:

El aspecto lingüístico aparentemente más favorecido por las actividades de imitación directa es la estructuración morfo-sintáctica, facilitada en este caso por el ritmo o la melodía utilizada en cada caso.

Retahílas para hacer...

Existen algunas retahílas divertidas para acompañar ciertos actos muy frecuentes: a través de su memorización, el niño va adquiriendo modelos estructurales.

Para hacer callar:
> Silencio en la sala
> Que el burro va a hablar
> El primero que hable
> Burro será, ¡ya!

Para perseguir o hacer que te persigan:
> Aquí te espero
> Comiendo un huevo
> Patatas fritas
> Y un caramelo.

Para que salga un niño:
> Que salga, que salga
> Le vamos a esperar
> Si no sale a la una
> Que salga a las tres
> Una, dos y tres.

Para hacer la siesta:
>Pin pon es un muñeco
>Muy guapo y de cartón, de cartón
>Se lava la carita
>Con agua y jabón, y jabón
>Se desenreda el pelo
>Con peine de marfil, de marfil
>Cuando las estrellas
>Comienzan a lucir, a lucir
>Pin pon se va a la cama
>Y se acuesta a dormir, a dormir.

Para un juego de imitación de posturas:
>Si quieres estar aquí
>Has de ponerte así

Los **cuentos mínimos** recogidos por Ana Pelegrín (1982) entran también dentro de este grupo de actividades de imitación directa, como éste, por ejemplo:
>Este es el cuento de la banasta
>y con esto basta que basta.

También podemos seleccionar actividades de imitación directa en función de un determinado aspecto morfo-sintáctico, como la utilización de nexos, el manejo de ciertas flexiones verbales complejas…, etc.

Utilización de flexiones verbales complejas

Retahíla

>Una cosa me **encontré**
>Pero no te la **diré**
>Dime tú qué cosa es
>Si no me la **quedaré.**

Juegos de dedos

>Este dedo **compró** un huevo
>Este lo **preparó**
>Este lo **cocinó**
>Este lo **peló**
>
>Y este gordo se lo **comió.**
>Tengo una gallina pinta
>Con sus pollitos pintos,

Si la gallina no **fuera** pinta
Los pollitos no **serían** pintos.

Juegos de desplazamientos

Pasen, pasen, niños
Que el puente **está roto**
Qué **has hecho**, qué **has** hecho
Río malvado.
Paren, paren, niños
Que el puente **está roto**.

Utilización de nexos

Don Pepito, el bandolero
Está **dentro** de un sombrero
El sombrero es de paja
Se mete **bajo** una caja
La caja es de cartón
Se mete **en** un balón
El balón es de papel
Se mete **detrás** de él
El balón explotó
Entre guardias voló.

Periquito
Periquito
Se parece a su papá
Por **arriba**
Por **abajo**
Por **delante**
Y por **detrás**.
Una paloma
cantando pasa:
—¡upa, mi negro
que el sol abrasa!
Ya nadie duerme,
ni está en su casa
ni el cocodrilo
ni la yaguaza,
ni la culebra
ni la torcaza…
  (N. Guillén)

LOS EJERCICIOS FUNCIONALES

Hasta hace unos pocos años, el interés de los investigadores del lenguaje y de muchos pedagogos se centró fundamentalmente en los aspectos formales del lenguaje, es decir, en los elementos constitutivos de los enunciados: fonemas y palabras, dentro de un marco limitado al enunciado-frase.

Poco a poco, aparecieron estudios que, por una parte, intentaban situar el «acto» de lenguaje dentro del contexto general donde se realizaba y, por otra, registrar los cambios, tanto en las estrategias comprensivas como en las expresivas, que se producían en el lenguaje según las características comunicativas de cada situación.

Ese enfoque «pragmático» del lenguaje, a pesar de su actual éxito académico, no ha generado todavía muchas líneas de aplicación práctica en pedagogía del lenguaje; también es verdad que las descripciones y análisis que han elaborado hasta ahora siguen siendo en muchos casos parciales y provisionales.

Nuestra intención en este capítulo ha sido la de reagrupar distintas actividades a partir de una **interpretación restrictiva** de las teorías pragmáticas.

En efecto, en los trabajos sobre el lenguaje infantil, se han seguido básicamente dos vías: la más conocida se refiere a un conjunto de roles lingüísticos que el niño adquiere progresivamente y le permiten utilizar estructuras lingüísticas diferenciadas en contextos conversacionales distintos. Es la interpretación restrictiva que subyace en las descripciones de las intenciones comunicativas de las cuales ya hemos hablado en la primera parte de este libro (ver Halliday en el capítulo dedicado al desarrollo semántico).

La otra interpretación, más global, se refiere a los sistemas que los niños aprenden a utilizar, poco a poco, para unir enunciados sucesivos dentro de un discurso, con el fin de mantener su coherencia y hacerse entender lo mejor posible.

Nuestra experiencia en relación con este tema es relativamente corta y queremos limitarla a describir algunas situaciones comunicativas con unas consignas («las variables de complejidad») que servirán para modificar el contexto de interacción y llevar así a los niños a modificar su expresión verbal en el sentido de manejar una herramienta cada vez más precisa, más útil y más adaptable a cada situación.

Mientras no se publique un trabajo más exhaustivo, seguimos considerando el modelo de Halliday (en sus dos primeras fases) como un cuadro útil para organizar nuestro trabajo.

a) Función instrumental: Son situaciones en las que el niño utiliza el lenguaje para conseguir algo de otro: es la función de «pedir».

La actividad se va a basar, pues, en que un niño (un equipo de niños) debe pedir a otro (a otro equipo) una serie de objetos.

Las **variables de complejidad** que vamos a utilizar son las siguientes:

— Posibilidad de utilizar todos los canales de comunicación (sobre todo el gestual, designación...) o limitación expresa al lenguaje oral. Esto se conseguirá a través de una colocación adecuada del material y/o de los participantes al juego. V.C. 1.

— Parecido semántico de los referentes: si los objetos que vamos a utilizar son muy diferentes, el lenguaje que se tiene que utilizar para pedirlos será más fácil y limitado que si los objetos son parecidos o muy parecidos: los niños tendrán entonces que proporcionar más información, seleccionar también la que es pertinente y construir entonces enunciados más complejos. V.C. 2.

— Presencia o no de intermediarios: la petición puede hacerse directamente al niño (los niños) que posee(n) los objetos o a través de un (unos) intermediario(s): otro niño. Esa modificación produce lógicamente cambios en la estructura sintáctica, especialmente en el uso de pronombres y en las flexiones verbales. (V.C. 3).

Existe otra variable (también para las demás funciones) que se utiliza más tarde, en Primaria, y que se refiere a la modalidad, oral o escrita, de la comunicación. En preescolar, evidentemente, sólo vamos a utilizar la modalidad oral, aunque también se pueda utilizar a veces una modalidad gráfica: el dibujo.

Ejemplo de situaciones: Daremos únicamente algunos ejemplos, pero, evidentemente, éstos admiten numerosas variantes, sobre todo en cuanto a los referentes (los objetos) que vamos a utilizar. En ese sentido recordaremos otra vez que no se trata de realizar estas actividades aisladamente sino de integrarlas en el tema de globalización que estamos siguiendo durante el día: es ese tema de interés que nos orientará en la elección de dichos referentes.

Pedir pelotas

Situación 1

Pelotas de diferentes colores y tamaños

Situación 2 (cambio en la V.C. 2).

Pelotas iguales situadas en distintas colocaciones respecto a otros objetos como una silla y una mesa.

Situación 3 (cambio en la V.C. 1).

Los niños que juegan están colocados de espalda y por lo tanto no se ven ni podrán ayudarse con gestos de designación.

Delante de cada niño colocamos una serie de pelotas iguales en distintas colocaciones como en la situación 2. La maestra tocando una pelota indica a uno de los niños cuál es la pelota que tiene que pedir al otro.

Situación 4 (cambio en la V.C. 3).

Trabajan con pareja: el niño que pide explica a su compañero cuál es la pelota que quiere. Este elige en el grupo de niños que están observando a un niño al que le explica cuál es la pelota que quiere su «jefe de equipo». Este último niño, a su vez se dirige al propietario de las pelotas, explicando lo que necesita.

Series de parejas de dibujos o fotos

Para este ejercicio, la maestra debe disponer de varios juegos de fotos o dibujos formados por parejas iguales.

Estas fotos se reparten entre dos equipos de niños de tal forma que cada equipo tenga un material idéntico.

El juego consiste en pedir al otro equipo las fotos que tiene para juntar las parejas.

La V.C. 1 se concreta normalmente en un obstáculo que impide ver el material del otro equipo (ver dibujo).

La V.C. 2 depende del parecido de la serie de fotografías. Cuanto más parecido, más dificultad para elegir la información pertinente que permitirá al otro saber cuál es la foto que se pide (ver ejemplos de series).

La V.C. 3 puede consistir en usar otro niño como intermediario. La maestra también puede proponerse como intermediario, sobre todo al principio o con los niños más pequeños, y esa situación le puede permitir también intervenir y ayudar a través de sugerencias o de «feed-back» correctivos.

✳ ✳ ✳

NOTAS: La base fundamental, a nivel pedagógico, de un ejercicio pragmático, es que la valoración del enunciado que emite un niño sólo depende **del resultado que obtiene:** no es la maestra que dice si está bien o si está mal, es la situación que indica al niño si ha proporcionado información suficiente o no y, en este caso, la equivocación de su compañero le puede indicar cuál es el elemento que ha omitido en su explicación o que no ha expresado claramente.

Por ejemplo, si en la situación 2, hay una pelota en una silla pequeña y otra pelota en una silla más alta y el niño que pide dice sólo: «Dame la pelota que está encima de la silla», pueden ocurrir dos cosas:

- El otro preguntará: «¿Cuál?» o indicará con su expresión de duda que la información es insuficiente.

- El otro cogerá cualquiera de las dos: si no es la que pretendía el niño que pide, éste tendrá que rectificar. Si acierta por casualidad, entonces evidentemente no pasa nada (pero en la vida real también el azar juega a veces a favor de uno).

Algunos ejercicios, como veremos, son totalmente colectivos, pero otros se realizan por pequeños grupos de niños. El resto de la clase actúa como observador y juez. La maestra se coloca entre ese grupo. En general, como son actividades muy cortas, el nivel de atención es bastante bueno. Por otra parte, es fácil ver cómo los niños del grupo observador intentan solucionar mentalmente o en voz baja la mayor parte de los problemas planteados a los protagonistas. La maestra puede fomentar esa participación con comentarios en voz baja dirigidos al grupo observador.

* * *

b) **Función regulatoria:** Son situaciones en las que el niño utiliza el lenguaje para actuar sobre la conducta de los demás: es la función de «mandar».

Las variables de complejidad son las mismas que en las actividades para la función instrumental.

Recorridos:

Se establece una especie de circuitos en la clase con sillas, mesas, aros… Se trata fundamentalmente de que un niño mande verbalmente a otro niño para que siga un determinado recorrido.

Hay distintas posibilidades:

- Recorrido libre: el niño que manda tiene total libertad para elegir el camino a seguir.

- Zonas prohibidas: la maestra indica al niño que manda algunos sitios por los que el otro niño no puede pisar. Si lo hace, el que manda ha perdido el juego.

- Recorrido obligado: un niño sale o se esconde detrás de un biombo; la maestra realiza un determinado recorrido; el niño que «manda» debe conseguir que el niño «escondido» realice el mismo recorrido. El resto del grupo actúa como juez, aplaude a cada paso correcto, grita en cada equivocación.
  Otra variante del recorrido obligado es la entrega de un plano al niño que «manda».

  Una V.C. 2 puede consistir en mandar a un solo niño o a un grupo de niños (influencia sobre marcadores de singular y plural).

  Recorridos con acciones: Consiste simplemente en añadir al recorrido algunas acciones en determinados puntos del recorrido, como abrir un libro, saltar, encender la luz…

Colocación objetos: Se trata de que un niño mande a otro colocar una serie de objetos. Se puede aplicar los mismos cambios de V.C. 2 que en el ejercicio de recorridos.

c) **Función interaccional:** Se refiere al lenguaje que se usa para saludarse… etc., pero también al lenguaje que sirve para coordinar actividades.

Los niños, incluso pequeños, pueden interactuar entre sí cuando tienen razones para hacerlo. En el contexto de las actividades de clase, se puede estimular a los niños para que tengan que hablar entre sí y se ayuden recíprocamente.

No es algo que se pueda hacer con toda una clase. Hay que aprovechar los momentos en que se forman equipos de talleres.

Entonces, la maestra puede iniciar con un grupo de 5 ó 6 niños tareas concretas como fregar el rincón de pinturas, ordenar el rincón de juegos, realizar un mural cortando y pegando fotos de revistas viejas, desyerbar un jardín…, tareas en las que los niños deben **coordinar** su esfuerzo con el de alguien más.

Al principio, la maestra puede adoptar una actitud más intervencionista, pero, poco a poco, dejar más libertad a los niños para que se organicen entre sí.

Evidentemente, el rincón de pinturas no va a quedar necesariamente como una patena ni el rincón de juguetes ordenado como si fuera una tienda, pero si se ha conseguido que el grupo de niños lo haya intentado sin pelearse ni empujarse, regulando su conducta con interacciones verbales, se ha avanzado en el entrenamiento de la función interaccional.

Una situación descrita anteriormente en las actividades meta-lingüísticas (asociación) puede representar para los niños la obligación de desarrollar esa función interaccional de la comunicación verbal: si dividimos la clase en dos grupos y le damos a cada niño de la primera mitad un determinado adjetivo (pequeño, gordo…) y el adjetivo contrario a los niños de la otra mitad (sin que puedan oírlo los del primer equipo) y les pedimos que formen rápidamente sus parejas, podremos observar qué estrategias emplearán para colaborar y reunirse: los habrá que gritarán sin parar su propio «nombre» en la esperanza de que el otro venga hasta él; otros irán preguntando a los niños del otro equipo; unos se quedarán quietos (la maestra deberá proponerle entonces algún tipo de iniciativa, al menos que se contagien del ejemplo de sus compañeros más cercanos).

Otra actividad tradicional, que podemos introducir en este apartado y que llevará necesariamente a los niños a desarrollar una comunicación de coordinación, es aquel juego que consiste en mandar realizar un recorrido o unas acciones a una pareja de niños cuyas piernas y/o brazos estén unidos con un pañuelo. Cuanto más compleja sea la tarea exigida (sobre todo, el coger objetos más o menos voluminosos), más cantidad de lenguaje deberán emplear los protagonistas: la parte esencial de ese lenguaje se inscribirá lógicamente dentro de la función interaccional.

Muchas situaciones cotidianas de clase se prestan también al manejo de esta función:

En uno de los colegios donde trabajamos, los niños llevan babis que se abrochan por detrás: colocar a todos los niños por la mañana en fila para que se abrochen los babis los unos a los otros, además de ser una situación divertida y curiosa, se basa evidentemente en una buena colaboración entre el niño que abrocha y su compañero que no debe moverse demasiado a pesar de que, él también, necesita abrochar a otro compañero.

d) **Función personal:** Son situaciones en las que usamos el lenguaje para comunicar al otro lo que sentimos.

La función personal es algo que se suele estimular en los momentos de conversación (ver el primer capítulo de esta segunda parte) y también en los momentos dedicados a libros y cuentos (ver el capítulo siguiente), pero también constituye una parte importante del lenguaje del adulto a lo largo de un día de clase: cuántas veces va a opinar sobre lo bien, lo malo lo regular del comportamiento de sus alumnos.

La maestra no puede reprimir sistemáticamente sus reacciones afectivas frente a los niños de su clase, pero debe tener un cuidado especial en no hacer degenerar los conflictos puramente accidentales y también en cuidar los comentarios dirigidos a los niños más sensibles y menos seguros. Al respecto, se debería realmente prohibir a los adultos hablar entre sí de los niños delante de ellos mismos, cosa que ocurre desgraciadamente con mucha frecuencia entre compañeros de trabajo o entre la maestra y los padres.

Es a través de la expresión de los afectos que la maestra intentará resolver los inevitables conflictos que van a surgir entre los niños de su clase: procurará juntar los niños enfrentados en un rincón más tranquilo y, con preguntas, hacer que dialoguen en la medida de lo posible, expresando verbalmente lo que antes se «comunicaron» con gritos, empujones o golpes.

En las sesiones de conversación y en las sesiones de cuentos y libros, es importante que la maestra anime con preguntas a los niños para que expresen sus sentimientos, pero también para que presten interés a lo que expresan los demás: los demás pueden ser los compañeros (saber escuchar al otro cuando explica por qué le gusta justamente lo que a uno le desagrada, saber escuchar al otro cuando cuenta algún acontecimiento de su vida personal) y también pueden ser los personajes del cuento (¿qué creéis que pensó entonces el hijo del molinero? ¿Los hermanos de Pulgarcito, estaban contentos o tristes? ¿Por qué se enfadó el rey? ¿Qué os parece como se ha portado Pinocho?..).

e) **Función heurística:** Es el lenguaje que utilizamos para recabar información de los demás: es la función de «preguntar».

Series de parejas de dibujos o fotos

Se emplea el mismo material que en el ejercicio descrito para la función instrumental, pero esta vez el juego consiste en adivinar la foto que sujeta el otro en su mano.

Una vez repartidas las parejas de fotos, uno de los niños elige una foto sin enseñársela al otro niño (también se pueden hacer con equipos). El resto de los niños se colocan detrás y ven cuál es la foto elegida.

El otro niño debe descubrir cuál es la foto (es una de las que él también tiene delante) haciendo preguntas, por ejemplo: «¿hay un niño en la foto?», «¿tiene gafas el señor que come?»...

Con los más mayores y para obligarles a afinar mejor sus preguntas, se les puede entregar un número determinado de fichas de colores. A cada pregunta, tienen que entregar una ficha.

Tienen entonces interés en adivinar cuál es la foto con el menor número posible de preguntas, es decir elegir las preguntas más pertinentes, las que permiten desechar el mayor número de posibilidades.

Existe en el comercio un juego basado en esa actividad: se llama «Quién es quién» de MB.

La V.C. que se manipula aquí es fundamentalmente la V.C. 2.

Pienso en un...

Es un juego que realiza la profesora con todo el grupo de niños.

Les dice:

«Voy a pensar en una cosa que está en esta clase. A ver... a ver... Ya lo tengo. Tenéis que adivinar en qué estoy pensando, pero, cuidado, tenéis que hacerme preguntas sin decir el nombre de las cosas. No podéis preguntar: ¿es la mesa?, ¿es la pizarra? o cosas así. Podéis preguntar: ¿es de madera?, ¿es roja?, ¿es para vestirse?, ¿está en el suelo?, ¿sirve para pintar?

Si yo contesto que sí, entonces podéis decir el nombre del objeto a ver si habéis acertado».

Se puede hacer libremente con participación espontánea o estableciendo un orden de turno. La maestra repetirá de vez en cuando la información obtenida con preguntas anteriores porque los niños se olvidan de ellas con rapidez.

Es un juego que se puede hacer con distintos referentes:

— Pienso en un niño de esta clase
— Pienso en una prenda de vestir
— Pienso en un animal de la granja
— Pienso en un personaje de cuentos

¿Qué ha hecho, qué ha hecho?

Detrás de un biombo, la maestra realiza algo a la vista de un solo niño.

Después los niños deben adivinar lo que ha hecho la maestra con preguntas a las cuales el niño sólo puede contestar sí o no.

Juego de ¿quién, qué, dónde, cuándo, cómo, con qué, con quién?

Se trata casi de un juego de imitación directa que se hace por turno. Los niños se aprenden esta serie de preguntas en ese mismo orden.

La situación es la siguiente: la maestra, el grupo, un niño, que, en la primera parte, sólo debe escuchar:

los niños:	**la maestra:**
¿quién?	Roberto
¿qué hizo?	pasearse
¿dónde?	en el parque
¿cuándo?	esta mañana
¿cómo?	despacio
¿con qué?	con un traje nuevo
¿con quién?	solo

Al final, el niño que ha escuchado debe intentar recordar todo en una frase: no importa demasiado el orden; los demás niños y la maestra completarán la frase con las preguntas cuyas respuestas no ha incluido. Después ocupa el lugar de la maestra que se mezcla con el grupo y sale otro niño.

La variante de complejidad consiste básicamente en aumentar o disminuir el número de preguntas de la serie a memorizar (también se pueden añadir ¿por qué?, ¿para qué?).

f) **Función informativa:** Son situaciones en las que el niño debe proporcionar información a los demás. Aquí la vamos a trabajar sobre todo como la función de «describir» y de «explicar».

Colocación de objetos

Para esto es necesario disponer de un conjunto de 3, 4 ó 5 parejas iguales de objetos para el niño que va a hablar y para los niños que van a escuchar (un grupo pequeño o toda la clase).

Situación 1: La maestra coloca delante del niño los objetos en una determinada posición, más o menos compleja (V.C. 2); los demás niños no pueden ver esa colocación porque los objetos están escondidos detrás de algún obstáculo, pero el niño que va a hablar sí puede ver lo que hacen los demás (ver dibujo A).

La actividad consiste en que el niño consiga con sus explicaciones que los demás niños coloquen sus objetos de la misma forma en que los tiene él.

Como ve las realizaciones de los demás, en esta situación puede comprobar la eficacia de sus explicaciones, corregirlas o aumentarlas. La maestra irá ayudándole, indicando las diferencias entre su modelo y las realizaciones de los demás.

Situación 2: en vez de utilizar objetos, la maestra entrega un dibujo al niño que va a hablar, un lápiz y una hoja a los otros niños. El niño que habla tiene que intentar conseguir X copias exactas de su modelo.

Situación 3: Colocamos al niño que va a hablar de tal forma que no pueda controlar las realizaciones de los demás (V.C. 1); se admite entonces que éstos puedan hacer preguntas o señalar que no lo han entendido, lo que transforma el ejercicio en una combinación de función informativa (para el niño que habla) y heurística (para el grupo, cuando pide más información) (ver dibujo B).

En la situación 3, la maestra puede intervenir para indicar si la realización del grupo es correcta o no.

Situación 4: Es una variante de la V.C. 3, un poco difícil a realizar en clase, pero muy interesante para grupos pequeños. Se dispone entre el informador y el receptor un niño intermediario que transmite la información al receptor y es el encargado de controlar la eficacia del mensaje.

Aquí también se trata de un ejercicio que se adapta muy bien a la modalidad del lenguaje escrito (sobre todo a partir de un dibujo como modelo) para niños mayores.

Si se dispone de un teléfono o un interfono, no se debe desaprovechar la ocasión para observar la dificultad que supone el no disponer de referencias visuales comunes para transmitir una explicación, aun partiendo de modelos muy sencillos.

Una variante material a estas actividades es utilizar las clavijas de color y los clavijeros, en vez de los dibujos, como modelo a transmitir y a explicar a los demás.

El juego de los pañuelos

Un grupo de niños recibe un pañuelo para cada uno y tiene que realizar desplazamientos al son de una música. Se les explica antes que a la primera interrupción deberán hacer algo con el pañuelo, algo «real», algo que se hace normalmente con un pañuelo. Después les decimos que a la próxima interrupción de la música deberán hacer una forma o un objeto inventado con el pañuelo: una flor, un sombrero, una casa —en el suelo—, una comba…

Entonces les pedimos que escondan cada uno su pañuelo detrás de sí y le pedimos al primero:

«Explícame cómo es tu pañuelo.»

En general se produce una gran sorpresa y dificultad para contestar, a pesar de haberlo manejado durante varios minutos.

Una vez explicado, saca su pañuelo, controlamos si se ha equivocado y completamos su descripción (color, forma, tamaño, dibujos…).

Después vuelve a esconderlo y preguntamos lo mismo al siguiente y así, sucesivamente, con todos los niños.

Al final, volvemos al primero y le preguntamos: «¿te acuerdas cómo era el pañuelo de este niño?».

A partir de una historieta a ordenar:

Se debe disponer de dos historietas iguales que iremos construyendo y comentando con los niños (ver el capítulo dedicado a la construcción del discurso narrativo).

Se aparta una historieta mientras que la otra queda a la vista del grupo. Sale un niño y, sin que sus compañeros lo vean, escoge una de las imágenes de la historieta. Escondiéndola detrás de sí, vuelve hacia el grupo y debe explicar cuál es la imagen que ha elegido.

El niño que piensa haber adivinado la imagen exacta la coge de la historieta que está frente al grupo y la compara con la que tiene el primer niño.

A partir de dos láminas grandes:

Se coge un tablero fino de madera y de cada lado se coloca una lámina con dibujos; se debe realizar de tal forma que cada dibujo coincida por detrás con su dibujo correspondiente (en la práctica quiere decir que las dos láminas son idénticas, pero inversadas en el sentido derecha-izquierda).

Se confeccionarán unos agujeros del tamaño de un lápiz en distintos sitios de la lámina.

De cada lado de este material se sitúan dos niños: uno tiene que indicar al otro dónde debe introducir el lápiz; el otro, si lo entiende, lo hace; el primero controla la buena llegada de su mensaje a través de la posición del lápiz en su propio dibujo.

La V.C. consistirá en la complejidad de las láminas: por ejemplo, si hay varios perros en distintos sitios de la lámina, la explicación deberá ser más larga que si hay un solo perro, en cuyo caso sólo bastará decir: «Pon el lápiz donde hay un perro».

g) **La función creativa:** Se refiere a las situaciones en que se utiliza el lenguaje de forma lúdica, para la diversión o para el desarrollo de sensaciones estéticas.

Fundamentalmente aquí vamos a tratar de cultivar el sentido del humor, de la fantasía, de la capacidad de crear lenguaje a partir de estímulos más imaginativos que concretos y siempre con una función de recreo, de diversión.

He aquí algunas posibilidades, no limitativas, por supuesto.

La lógica fantástica

Son procesos muy parecidos a los juegos de asociación semántica, pero, en algún momento, se da un salto de lado, se produce un «pensamiento lateral» y estamos «del otro lado del espejo».

«Y si...?»

Preguntamos a los niños: «¿Y si los rotuladores se pudiesen comer, qué gusto tendría, por ejemplo, el rojo?».

— ¡A fresa!

— ¿y el amarillo?

— ¡A plátano!

— ¿Y el negro?

— ¡A regaliz!

El lápiz no es el lápiz

Los niños, sentados en círculo; nos pasamos de mano en mano un lápiz y debemos transformar, con la imaginación, este lápiz en otra cosa y utilizarlo como tal para que los demás lo adivinen:

— El gesto de cavar...: ¡una pala!

— Lo paso por mi pelo... : ¡un peine!

— Me lo pongo debajo del cuello... : ¡una corbata!

Como...

A partir de un primer ejemplo: «Vamos a dar pasos de hormiga, ahora pasos de elefante, ahora de hipopótamo, ahora de caballo...», vamos a intentar que sean capaces de crear imágenes comparativas.

— Érase una vez un hombre grande, grande como...

— ¡Una casa!

— Y otro hombre pequeño, pequeño como.

— ¡Un microbio!

— Y otro gordo, gordo como...

— ¡Una vaca!

— Y otro flaco, flaco como...

— ¡Una escoba!

— Entraron en un coche que era rápido como...

— ¡Un caballo!

Etcétera...

Qué pasaría si...
- Si las flores fuesen de cristal...
- Si se pudiera viajar por el hilo del teléfono...
- Si Madrid estuviese al lado del mar...
- Si el sol fuese de miel y la luna de crema...

Los chistes

Existen numerosos chistes infantiles que los niños empiezan a apreciar a partir de los cuatro años, pero que gustan sobre todo a los cinco y a los seis. Aparte de ser un buen ejercicio de memoria, transmiten también toda una serie de «fórmulas» semánticas y sintácticas que el niño va imitando y constituyen una peculiar situación comunicativa.

Les gustan también los juegos de engaño:
- Abre esta caja (se simula con las manos).
- Coge la pistola que está dentro.
- ¡Mátate!
- Vuelve a colocar la pistola en su sitio (automáticamente el otro niño o adulto obedece).
- ¡Qué tonto! ¡Cómo vas a colocar la pistola si estás muerto!

* * *

- ¿A que duermes todas las noches con dos muñecas?
- Yo, no.
- Que sí, que sí, tú duermes siempre con dos muñecas.
- Que no es verdad.
- ¿Y estas dos, entonces? (las muñecas de las manos).

La **dramatización libre** (no la representación de una función con textos memorizados) constituye por sí sola un campo educativo importante y autónomo y existen obras importantes, en castellano, sobre el tema de la expresión libre del niño en la que la faceta lingüística constituye uno de los muchos elementos utilizados.

Es un tema que requiere, pues, un planteamiento propio y progresivo con una perspectiva mucho más global de lo que tratamos aquí.

Sin embargo, queremos señalar su lugar en la programación de las actividades de lenguaje oral, recalcando su extraordinaria importancia como instrumento de expresión verbal espontánea: el hecho de poder hablar «a través de otro» (una marioneta, un personaje de un cuento...) puede representar para muchos niños una situación no sólo de expresión verbal, sino de expresión de sentimientos y reacciones profundas que no expresan cuando representan su propio papel.

A veces, a los niños más inhibidos hace falta darles «un papel» para que se atrevan a expresarse con más libertad y más expresividad. Presentamos aquí una pequeña historieta para trabajar sobre los distintos tonos de voz: interrogativo, exclamativo, imperativo, rogativo…

C. Sanuy y otros (en un libro ya citado anteriormente) describen un juego muy divertido en el sentido de proporcionar a los niños una situación que les lleve a una expresión oral a partir de esquemas imaginativos.

«Después de esto les conté que tenía unas gafas mágicas que se llamaban "gafas veolo-todo". Con ellas se veían cosas maravillosas que sólo podía ver quien las llevaba puestas.

LAS ACTIVIDADES DE LENGUAJE EN PREESCOLAR

Después de este preámbulo, que les motivó mucho, saqué unas gafas de plástico y me las puse. Sin decir nada me quedé unos segundos mirando al fondo de la clase con expresión de asombro. De vez en cuando me reía. La mayoría de los niños me miraban curiosos. Alguno preguntó: "¿Qué ves?".

Entonces empecé a hablar alargando la respuesta con frases como: "No os podéis imaginar lo que veo", "no sé si decíroslo, porque no os lo vais a creer", etc., etc. Naturalmente se creó en la clase un clima de expectación creciente. Los niños se reían al verme a mí reírme y gritaban: "¡Dilo! ¿Qué ves?", etc.

Les dije que veía un elefante volando. Este elefante llevaba unos calzoncillos rosa y un lazo azul en la trompa.

A mis palabras siguieron grandes carcajadas, al tiempo que decían: "A verlo, no es verdad, te lo has inventado", etc.

Continué manifestando mis insólitas visiones, que se iban complicando poco a poco. Yo me tomaba cierto tiempo, como si a veces me costara desvelarlas. Les dije que les iba a pasar las gafas a ellos, anunciando de antemano que seguramente habría niños que no verían nada.

Se armó un gran alboroto, porque, como es lógico, todos querían salir. Después de lograr la calma, empecé llamando a los niños más imaginativos.

Uno a uno, de pie al lado mío, se ponían las gafas y se quedaban unos segundos mirando el fondo de la habitación, sin decir nada. En seguida reaccionaban y empezaban a ver cosas. En general, los de esta edad se inventaban situaciones lógicas; por ejemplo, lo que puede verse desde una ventana.

Cuando volvían a su sitio, yo observaba que los que tenían al lado les preguntaban: "¿Es verdad?" y ellos contestaban que sí con la cabeza, al tiempo que escuchaban al de turno.»

La dramatización que incluya textos «aprendidos» se sitúa claramente dentro de las actividades de imitación directa y pertenecen al capítulo anterior: deberán programarse en función de los objetivos específicos de este tipo de actividades.

Otro juego parte de la expresión corporal.

Un niño sale del grupo y mima una actividad sencilla (que elige él mismo o que le sugiere el profesor: preparar una tortilla, esquiar, escribir a máquina…). Se pide a otros 3 ó 4 niños que lo vayan imitando, después se añaden algunos niños más. Todos siguen en silencio.

En un momento determinado, el profesor les dice de quedarse inmóviles y va preguntando a cada uno qué es lo que estaba representando, empezando por los últimos en entrar en el juego.

Una vez expresadas las distintas ideas, el profesor pregunta entonces al primer niño qué es lo que estaba «mimando» y todos se dan cuenta si han acertado o no y por qué.

Cuanto más largo y complejo sea el mimo, más interpretaciones distintas podrán surgir y más posibilidades de expresarse también.

LOS LIBROS ILUSTRADOS Y LOS CUENTOS

Los libros ilustrados

El libro que contiene únicamente dibujos constituye el primer acercamiento de los niños a la «comunicación impresa» y raro es el niño que no les presta una atención inmediata, sobre todo si su aspecto externo (el color, el tema de los dibujos, la solidez de su encuadernación) se ajusta a su edad y sus intereses.

La maestra encontrará ya en el comercio una cierta cantidad de libros ilustrados[29] y fijará su preferencia en los que presentan una serie de acciones sucesivas alrededor de un mismo tema: el baño, una visita al médico…

Incluso existen materiales que incluyen guías y directrices además de los libros con dibujos[30].

Con los muy pequeños, la situación de enumeración puede ser bastante útil (¿qué hay allí? ¿Cómo se llama esto? ¿Qué hace éste?…), sobre todo entre el año y medio y los dos años y medio.

Después, hay que potenciar una expresión más estructurada a través de actividades como:

- La maestra «lee» con tranquilidad el libro ilustrado, señalando con el dedo y haciendo participar a los niños con preguntas; lo hace varias veces, dejándose guiar por las preferencias de los niños.

- Se invita a un niño a que cuente lo que ocurre en un libro ilustrado que hemos comentado varias veces; esto se puede hacer frente al grupo o dentro de grupos más reducidos; también le podemos pedir a un niño que le vaya contando un libro a un niño que no lo ha visto aún.

---
29. Colecciones como Tina Ton (Ed. Juventud) o Tato (Juventud).
30. Serie Buenos días. Escuela (Ed. Casals).

- Podemos ejercitar la comprensión y la memoria de los niños preguntándoles: «¿A ver quién me encuentra la página donde se ve un niño subido en una silla?».

- Podemos utilizar lo que vemos en un libro ilustrado, sobre todo si es un libro que trata de algún aspecto de la vida cotidiana, para iniciar una sesión conversacional.

Recordemos que el libro ilustrado es el primer contacto con un objeto que ojalá haga parte de su vida en los próximos años de niño, de adolescente y de adulto.

Dice Lentin «El niño que "dice" un libro ilustrado se acostumbra a traducir unos signos gráficos en un discurso. El éxito, el placer le llevará a dar al libro un estatus especial, preparando así el contacto ulterior con el lenguaje escrito».

Los cuentos

Los cuentos tienen un valor realmente importante durante la etapa de preescolar, por múltiples razones.

- Acercan a los niños a una parte de la **cultura** de su país, de su región, de su idioma. Por esa razón, sin despreciar la introducción de cuentos nuevos, insistimos en la utilización en clase de los cuentos tradicionales que constituyen parte del bagaje cultural de una determinada sociedad; antes la transmisión de estos cuentos era tarea típica de los miembros más ancianos de las familias o de las propias madres, pero la vida urbana actual no deja muchos momentos para escuchar cuentos en boca de la familia.

- Los cuentos **tradicionales** también tienen su importancia porque el tiempo ha realizado su selección entre ellos, manteniendo aquellos en los que personajes y situaciones poseían una carga afectiva importante y posiblemente simbólica; los niños pueden, gracias a ellos, revivir sus deseos, sus miedos, sus ilusiones a través de unas claves imaginativas que llevan decenas de años atrayéndoles.

- Dentro de esta misma perspectiva de acercamiento a un lenguaje más culto, menos pegado a la funcionalidad inmediata, recomendamos a las maestras que, con los niños a partir de 4 años y sin rechazar otras posibles utilizaciones más activas de los cuentos, escojan libros donde esté escrito el cuento en un lenguaje sencillo y que **lean** realmente el texto.
En efecto, el lenguaje escrito tiene sus propias reglas de construcción, utiliza un léxico más variado, una sintaxis más compleja; debemos acostumbrar a los niños a este tipo de lenguaje que, dentro de uno o dos años, van a tener que leer ellos mismos. Si la maestra es capaz de leer con la entonación debida, con los gestos y mímica facial adecuados, señalando las ilustraciones cuando sea necesario y contestando a las preguntas de los niños, puede conseguir una perfecta comprensión

e interés por parte de sus alumnos, al mismo tiempo que les introduce en el tipo de lenguaje que caracteriza los textos escritos.

- El cuento, muchas veces, introduce al niño en el mundo de la **imaginación** y la fantasía: basta observar a un grupo de niños escuchando a un adulto expresivo para saber que ellos están «viendo» lo que escuchan. Los cuentos desarrollan una capacidad imaginativa incipiente que deberá desarrollarse después con actividades expresivas.

- El cuento permite estimular la **memoria,** sobre todo cuando vamos a leérselos «por entregas» pidiendo cada día un pequeño resumen o haciendo algunas preguntas cada día antes de seguir.

- Hay que tener en cuenta que, sobre todo en niños más pequeños, el escuchar tranquilos en una misma postura sin ningún tipo de actividad exteriorizada puede suponer un esfuerzo muy grande. Todo dependerá también de la capacidad del adulto de mantener la atención gracias a su expresividad, pero existe por otra parte una serie de actividades que podemos acoplar al cuento para dar más **participación** activa a los niños.

 — Si el cuento es un poco largo y vemos que ciertos niños se están cansando, es mejor interrumpirlo con una actividad dinámica no excesiva (por ejemplo dramatizar una determinada secuencia de lo que acabamos de leer) para volver a seguir a continuación con la lectura del cuento.

 — Podemos parar de vez en cuando para que los niños completen la frase o digan la frase siguiente. A veces ocurre que ellos entonces recrean el cuento, introduciendo variantes que podemos aprovechar.

 — Pedir que repitan en eco ciertas expresiones o gritos.

 — Jugar con distintas inflexiones de voz en los diálogos.

 — Hacer los ruidos de fondo (animales, viento, lluvia, vehículos…).

 — Hacer historias que se equivocan (donde es la abuela la que se come al lobo, donde Pulgarcito es muy grande, donde los tres cerditos siempre están serios y tristes…) y pedir a los niños que griten a cada equivocación.
 A partir de una equivocación inicial, que continúen lógicamente el cuento.
 A su vez, que cuenten un cuento equivocándose.

Por ejemplo:
 — Érase una vez una niña pequeña que se llamaba Caperucita Azul…
 — ¡No! ¡Roja!
 — Sí, Roja…, bueno, entonces viene su tía y le dice…
 — No es su tía, ¡es su mamá!

— Es verdad, viene su mamá y le dice: llévale esta cesta a la abuela porque está muy malo...

— ¡Mala!, ¡si es la abuela, está muy mala!

Etcétera.

Es divertido observar cómo los niños, en los cuentos que fabrican, combinan fantasía y lógica con una destreza sorprendente. Vamos a presentar dos ejemplos del maravilloso libro de Gianni Rodari «La gramática de la fantasía», cuya lectura recomendamos a todos los educadores[31].

En el primero, el maestro cuenta la historia de un viejo jubilado, que, sintiéndose inútil en casa donde todos, pequeños y grandes, están demasiado ocupados para prestarle atención, decide irse a vivir con los gatos.

Va a la plaza de Argentina (en Roma, plaza antigua, famosa por sus monumentos y la multitud de gatos que viven allí), pasa bajo la barandilla de hierro que separa la calle de la zona arqueológica y ya está: transformado en un gato gris. Vive muchas aventuras, pero un día decide volver a su casa y convertirse otra vez en abuelo.

Preguntar entonces a los niños:

— ¿Pero cómo hará el abuelo-gato para convertirse otra vez en abuelo de verdad?

Nunca dudan:

— Tiene que volver a pasar por la barandilla, pero en sentido contrario (concepto de reversibilidad que sería interesante medir en una óptica «piagetiana»).

Otro cuento, esta vez inventado por un niño de cinco años y medio, a partir de dos palabras propuestas por la maestra: «luz» y «zapatos».

Había una vez un niño que se ponía siempre los zapatos de su papá. Una noche el papá se cansó de que siempre le quitara los zapatos y colgó al niño de la luz, luego a medianoche cae: entonces el papá dice: «¿Qué pasa, un ladrón?». Cuando se acerca ve al niño por el suelo: ¡estaba encendido! Entonces el papá intenta apagarlo girándole la cabeza: no se apaga. Luego le tira de las orejas y no se apaga, le tira del pelo y no se apaga, le aprieta el ombligo y no se apaga. Por fin, le quita los zapatos y lo consigue, se apaga.

La última imagen cierra perfectamente el cuento, pero representa también la ruptura del sueño con una conclusión lógica.

Realmente, para «disparar» la imaginación de los niños hay pocas situaciones tan eficaces como presentarles la modificación absurda de un concepto súper-conocido y estereotipado: por ejemplo, ¿qué aventuras tendría un vaquero llamado Piano-Bill? y ¿un pirata llamado Pato de Polo y un bandido llamado Garbanzo Joe?....

---

31. Ed. Ferrán Pellida. Barcelona. 1978. Col. Reforma de la escuela.

UN ESQUEMA DE PROGRESIÓN CRONOLÓGICA

Este esquema es puramente indicativo y no pretende ser un marco condicionante de las actividades de lenguaje: sólo hemos intentado situar los principales ejercicios y objetivos expuestos a lo largo de esta segunda parte en una trama cronológica, a fin de que se vea más claro el proceso progresivo del planteamiento pedagógico.

En la práctica, el educador deberá adaptarse al nivel y características de su grupo de alumnos.

Por otra parte, es importante recordar que todas las actividades específicas descritas en capítulos anteriores (para la articulación, la construcción de frases...) deben integrarse en un conjunto de motivación y no realizarse «a secas»: la introducción de estas técnicas en juegos o actividades relacionadas con el interés infantil no solamente facilitará su ejecución, sino que permitirá una mayor memorización.

A nivel de la estimulación de la expresión espontánea, podemos indicar la evolución siguiente:

2-3 años: La expresión espontánea debe siempre acompañar a la acción.

3-4 años: El niño puede inventar palabras y frases fuera de su contexto real, pero en situaciones muy sencillas.

4-5 años: Puede participar en juegos más complejos e inventar diálogos.

5-6 años: Además de lo anterior, puede crear o participar en la creación de cuentos bastante elaborados.

EDAD	ORGAN. FONETICA	ORGAN. SEMANTICA	ORGAN. MORFO.-SINT.	EJERC. FUNCIONALES
2-3 años	Atención auditiva, pequeñas prosodias y juegos fon. cortos. Juegos de motricidad buco-facial.	Denominación en situadones de experiencia y manipulación.	Construcción de frases en situaciones activas (de 2 a 4 palabras). Expresiones automáticas para juegos y actividades.	Comprensión y expresión de enunciados activos simples (pedir, mandar). Libro de imágenes.
3-4 años	Atención y discriminación auditiva; secuencias fonéticas sencillas, primeros juegos de estructura temporal. Juegos de motricidad buco-facial.	Denominación en situaciones de experiencia y manipul.; primeras denominaciones descriptivas a partir de est. gráfico. Primeros juegos metalingüísticos (familias, asociación). Primera actividad de imitación directa.	Actividades para la construcción de frases más largas, incluyendo subordinadas simples. Est. el uso de las preguntas. Primera actividad de imitación directa.	Aumento de la compl. de las actividades de pedir y mandar. Libro de imágenes y cuentos cortos; primeras dramatizaciones colectivas.
4-5 años	Discriminación auditiva más compleja; secuencias fonéticas complejas. Juegos de estructuración temporal. Juegos de automatización en palabras para fonemas y sílabas más sencillas.	Denominación en situación de exposición y de descripción; juegos metalingüísticos. Actividades de imitación directa.	Actividades relacionadas con los nexos, el n.º y orden de las palabras. Juegos con las historietas (series lógicas), para el inicio del discurso narrativo y las flexiones. Act. de imitación directa.	Actividades para las funciones de pedir, mandar, cooperar y preguntar; cuentos y dramatizaciones con papeles individuales. Primeros juegos creativos.
5-6 años	Automatización en palabras de fonemas y sílabas complejas. Juegos fonéticos más complejos y trabalenguas. Actividades de consciencia fonética (rimas, veo veo, representación gráfica…).	Denominación en situación de exposición y de descripción; juegos metalingüísticos más complejos (análisis, síntesis, semejanzas, seriaciones). Actividades de imitación directa.	Actividades relacionadas con el discurso narrativo. Actividad de consciencia sintáctica (tren de palabras). Actividades de imitación directa más complejas.	Actividades para las funciones de pedir, mandar, cooperar, preguntar y explicar; cuentos leídos; dramatización libre y con memorización. Juegos creativos.

CONCLUSIÓN

> «El niño no es un jarro que se llena.
> sino un fuego que se enciende»
>
> (Rabelais)

A la hora de cerrar este libro, nos asaltan lógicamente las dudas sobre el valor de nuestro trabajo: sobre todo nos preocupa que la necesaria transcripción y sistematización de unas técnicas vivas, diarias, quitándoles su dinamismo y adaptabilidad, no les haya quitado hasta el sentido.

Hemos recordado varias veces que lo esencial del aprendizaje del lenguaje oral se realiza a lo largo de esos numerosísimos intercambios individuales entre niño y adulto; por esa misma razón hemos querido darle a la escuela y a las actividades colectivas que en ella vamos a organizar con los niños unos objetivos, un sentido y una programación que tengan en cuenta tanto sus características como sus limitaciones.

Estas actividades no representan tampoco ejercicios estructurales y no tienen más valor que en la continuidad de su realización. Conciben el lenguaje oral en el marco de la escuela como un instrumento, pero, sobre todo, como una función cuyos mecanismos pueden estimularse a través de unas situaciones bien planteadas y adecuadamente seguidas, pero que deben también adaptarse progresivamente al contexto específico que representa la escuela.

La escuela es un entorno en el que el niño va a pasar un número considerable de años y que posee sus propias reglas, distintas del entorno familiar: el tipo de comunicación y el lenguaje que se utilizan allí presentan lógicamente sus diferencias respecto a la comunicación y al lenguaje de los padres con sus hijos.

Es utilizado frecuentemente como barrera selectiva y discriminatoria: estamos convencidos de que se puede emplear también para dar a cada uno la oportunidad de desarrollar al máximo sus propias capacidades (no uniformes, evidentemente) intelectuales, creativas y afectivas.

Para ello, los educadores deben sentirse al servicio de los niños, especialmente de aquellos que presentan más dificultades o para los cuales la salida en la vida ya va marcada con saldos negativos; deben también procurar conocer cada vez mejor su propio trabajo y no cesar en el constante esfuerzo de mejorarlo.

El trabajo pedagógico no es fácil: una cosa es escribir sobre lo «que se debería hacer o «dejar de hacer» y otra es intentar aquí y ahora operativizar los datos teóricos y experimentales a través de orientaciones concretas, exponiéndose de esta forma a las posibles críticas, entre otras las de inadecuación entre el marco teórico de salida y las actividades propuestas.

Sin embargo, partiendo del hecho que el único que no tropieza es aquel que no se mueve, nos sentiríamos muy satisfechos si consiguiéramos llamar la atención de los educadores de preescolar sobre la importancia de una correcta observación y estimulación del idioma materno: la capacidad de entender y producir el lenguaje oral condiciona el futuro personal, social y escolar de todos nuestros alumnos. Parte de este futuro está en nuestras manos.

BIBLIOGRAFÍA CITADA EN EL TEXTO

AJURIAGUERRA, J.: **Manual de psiquiatría Infantil.** Barcelona. Masson, 1976.
AZCOAGA, J. E.; DERMAN y FRUTOS: **Alteraciones del lenguaje en el niño.** Rosario. Biblioteca, 1971.
BERNSTEIN, B.: **Class, codes and control.** Londres. Routledge and Kegan, 1973.
BASTOUL, A.: «A propos de l'apprentissage de la langue maternelle». **Reed. Orthophonique,** 1974, 12.
BLOOM L.; LIGHTBOWN, P., y HOOD L.: «Structure and variation in child language». **Monographs of the soco for research in child development.** 40, 1975.
BRAINE, M. D.: «The ontogenesis of English phrase structure: The first phase». **Language,** 39, 1963.
BRONCKART, J. P.: «Le role régulateur du langage chez l'enfant: critique expérimentale des travaux de Luria». **Neuropsychologie,** 8, 1970. «The regulating role of speech; a cognitive approach». **Human dev.,** 6, 1973.
BOUTON, Ch.: **El desarrollo del lenguaje.** Buenos Aires. Huemul, 1976.
BOSCH.: «El desarrollo fonético infantil», en Siguan, M.: **Estudios sobre psicología del lenguaje infantil.** Madrid. Pirámide, 1984.
BROWN, R., y FRASER, C: «The acquisition of syntax», en Cofer y Musgrave (ed): **Verbal behavior and learning: problems and processes.** New York. McGraw-Hill, 1963.
BRUNER, J. S.: «The ontogenesis of speech acts». **Journal of child language,** 2,1975. De la comunicación al lenguaje, en «La adquisición del lenguaje». N.º monográfico de Infancia y Aprendizaje, 1981.
CRYSTAL, D.: **Análisis gramatical de los trastornos del lenguaje.** Barcelona. Médica y Técnica, 1983.
FERGUSON, C.: «Baby talk in six languages». **Americ. Anthropologist,** 66, 1964.
FLORIN, A.; BRAUN-LAMBESCH, M., y BRAMAUD, G.: **Le language ill'école maternelle.** Bruselas. Mardaga, 1985.
FRANCESCATO, G.: **El lenguaje infantil.** Barcelona. Península, 1971.
HALLIDY, M. A. K.: **Learning how to mean; explorations in the development of language.** Londres. Arnold 1975.
System and function in language. Londres. Oxford Univ. Press, 1976.
HOHMAN M.; BANET, B., y WIKART, D.: **Niños pequeños en acción.** Méjico. Trillas, 1984.
JAKOBSON, R.: **Fundamentals of language.** La Haya. Mouton, 1956.
LACAN, J.: **Ecrits.** París. Le Seuil, 1966.
LENNEBERG, E. H.: **Fundamentos biológicos del lenguaje.** Madrid. Alianza, 1967.
LENNEBERG, E. H. y LENNEBERG, E. (ed): **Fundamentos del desarrollo del lenguaje.** Madrid. Alianza, 1975.
LENTIN, L.: **Enseñar a hablar.** Pablo del Río - Visor, 1980.
LENTIN, L.: **Comment apprendre à parler à l'enfant.** París, ESF, 1984.
Mac KENNA, A.: «Le rôle de l'adulte dan s le langage de l'enfant». **Enfance.** Enero, 1978.
MALRIEU, P.: «Vie sociale et pré-langage dans la premiere année». **Journal de psychologie,** 1-2,1962.

MARCHAND, F.: **Le français tel qu'on l'enseigne.** París. Larousse, 1971.
MONFORT, M. (Ed.): **Los trastornos de la comunicación en el niño.** Madrid. CEPE, 1982. (Ed.) **La intervención logopédica.** Madrid. CEPE, 1984.
MONFORT, M. y JUAREZ, A.: **Material de reeducación logopédica.** Madrid. CEPE.
MOUNOUD, P.: «La construction de l'objet par le bébé». **Bull. d'audiophonologie.** Vol. 4. n.º 6,1974.
MUÑOZ, M.: **La poesía y el cuento en la escuela.** Madrid. Como Autónoma, 1983.
QUENTEL, J. C..: «La acción del entorno sobre el desarrollo del lenguaje infantil». **Infancia y aprendizaje,** 3. 1978.
PELEGRIN, A.: **La aventura de oír.** Madrid, Cincel, 1984.
PIAGET, J.: **Le langage et la pensée chez l'enfant.** Nauchâtel. Delachaux et Niestlé, 1923. **La formación del símbolo en en niño.** México. Fondo de Cultura Económica, 1977.
REICH, P. A.: «The early acquisition of word meaning». **Journ. of child language,** 117-123, 1976.
RIVIERE, A.: «Interacción precoz: una perspectiva vygostkiana a partir de los esquemas de Piaget» en Monfort M. (cd.); **Investigación y logopedia.** Madrid. CEPE, 1986.
RODARI, G.: **La gramática de la fantasía.** Barcelona. Ferrán Pellida, 1978.
RONDAL, J. A.: «Le rôle du langage dans la régulation du comportement moteum. **Journ Psych. normal et pathol,** 5 3, 1973.
«Investigation of the regulatory power of the impulsive and meangful aspects of speech». **Genetic Psych. Monographs,** 94, 1976.
«Father's and mothers' speech in early language development». **Journal of child language,** 7,1980.
Votre enfant apprend à parler Bruselas. Mardaga, 1979.
SANUY, C.;, CORTES, L., y OJEDA, B.: **Experiencias de música, danza y juego.** Madrid. Marsiega 1971.
SANUY, M.: **Canciones populares e infantiles españolas.** Min. de Educ. y Ciencia, 1984.
SINCLAIR DE ZWART, H.: «Le développement des structures sensori-motrices en tant que modèle heuristique pour l'élaboration des premières structures lingüistiques». **Bull. d'audiopbonologie,** Vol. 4, n.º 6, 1974.
Acquisition du langage et développement de la pensée. París, Dunod, 1967.
SLOBIN: «La construcción de la gramática en el niño», en Monfort, M./ed.). **La intervención logopédica,** Madrid, 1984.
SNOW, C. E.: «The development of conversation between mothers and babies», **Journal of child language,** 4, 1977.
STUBBS, M., y DELAMNT, S.: **Explorations in classroom.** Londres. Viley, 1976.
TABOURET-KELLER, A.: «Les incidences psychologiques de l'arbitraire du signe lingüistique pendant la première période de son emploi par l'enfant». **Bull. d'audiopbonologie,** Vol. 4, n.º 6, 1974.
VIGOTSKY, L. S.: **Thought and language.** Cambridge; MIT Press, 1962.
WALLON, H.: **L'évolution psychologique de l'enfant.** París, A. Colin, 1941.
WILIGNSON, L. C.: **Communicating in the classroom.** New York. Academic Press, 1982.

LIBROS DE INTERÉS PARA LOS EDUCADORES DE PREESCOLAR

(ADEMÁS DE LOS QUE ESTÁN INCLUIDOS EN LA BIBLIOGRAFIA ANTERIOR)

SOBRE EL DESARROLLO DEL LENGUAJE:

OLERON, P.: **El niño y la educación del lenguaje.** Madrid. Morata, 1980.

RONDAL, J. A.: **El desarrollo del lenguaje.** Barcelona. Médica y Técnica, 1981.

RONDAL, J. A.: **Lenguaje y Educación.** Barcelona. Médica y Técnica, 1980. TOUR

TET, L.: **Lenguaje y pensamiento en la edad pre-escolar,** Madrid. Narcea, 1974.

SOBRE LOS TRASTORNOS DEL LENGUAGE

INGRAM, D.: **Trastornos fonológicos en el niño.** Barcelona. Médica y Técnica, 1981.

LAUNAY, C.;, BOREL-MAISONNY, S.:,**Los trastornos del lenguaje, el habla y la voz del niño.** Barcelona. Toray-Masson, 1975.

PASCUAL, P.: **La dislalia.** Madrid. CEPE, 1979.

PEÑA CASANOVA, J. (ed.): **Manual de logopedia.** Barcelona. Masson, 1988.

SOBRE ACTIVIDADES DEL LENGUAJE Y OTRAS QUE PUEDAN RELACIONARSE CON ELLAS

ANDRAUD, A.: **Los ejercicios del lenguaje en el parvulario,** Barcelona. Médica y Técnica, 1981.

AYMERICH, C. y M.: **Para el lenguaje expresivo del niño.** Barcelona. Hogar del libro, 1981.

BENIERS, E.: **El lenguaje del preescolar: una visión teórica.** México. Trillas, 1985.

BRAVO VILLASANTE, C.: **Antología de la literatura infantil española.** Madrid. Doncel, 1973.

FURTH, H. G., y WACHS, H.: **La teoría de Piaget en la práctica.** Buenos Aires, Kapelusz, 1978.

RECASENS, M.: **Cómo estimular la expresión oral en cIase.** Barcelona. CEAC, 1987.

SANUY, C., CORTES, L, SANCHEL, c.: **Enseñar a pensar.** Madrid. Marsiega 1975.

THROOP, S.: **Actividades preescolares: lenguaje.** Barcelona. CEAC, 1986.

Indice

Prólogo 7

Introducción a la nueva edición.. 9

Introducción 11

Primera Parte: La evolución del niño que habla 15

Mecanismos de la adquisición del lenguaje 17

La organización fonética 25

La organización semántica 29
    Los mecanismos de aprendizaje 29
    Pautas evolutivas. Desarrollo entre 0 y tres años 34
    Desarrollo de la función semántica entre tres y seis años 42

La organización morfo-sintáctica 47

La organización psico-afectiva 57
    Personalidad y lenguaje 58
    Lenguaje y personalidad 62

Los trastornos del lenguaje en preescolar 63
    Trastornos del lenguaje 64
    Trastornos de la voz y del habla 67
    Trastornos del lenguaje y la comunicación no específicos 71
    Conducta de la maestra (del maestro) frente a los niños con trastornos de lenguaje 72

Segunda Parte: Las actividades de lenguaje en preescolar 77

Introducción a los problemas teóricos 79

El lenguaje en el aula: la conversación 85

Los ejercicios dirigidos 93
    Introducción 93
    Jugar con los sonidos (organización fonética y fonológica) 94
    Jugar con las palabras (organización semántica) 112
    Jugar con la frase (organización morfo-sintáctica) 133
    Jugar con las frases (organización del discurso) 153

La imitación directa 165
    Utilización de flexiones verbales complejas 171

Los ejercicios funcionales 173

Los libros ilustrados y los cuentos 193

Un esquema de progresión cronológica 197

Conclusión 199

Bibliografía citada en el texto 203

Libros de interés para los educadores de preescolar 205